영화로 배우는 중국어

진정 그대라면 II

非诚勿扰 II

(Fēichéngwùrǎo II)

If You Are The One II

林永澤 譯註

제이앤씨
Publishing Company

머리말

‘非诚勿扰’의 성공적인 흥행에 뒤이어 2년여 만에 후속작 ‘非诚勿扰Ⅱ’가 선을 보였다. 전편에 그려졌던 코믹하면서도 구수한 공개구혼 이야기, 그 속에서 운명처럼 만나 펼쳐지는 한 쌍 남녀의 애틋한 사랑의 감정과 애착, 이후 파멸로 치닫던 그들의 사랑 이야기 속에서 맞이하는 새로운 반전.... 우리는 이 한 쌍의 커플이 이후 어떤 사랑을 어떻게 전개해 나갈지 매우 궁금했던 것이 사실이다.

‘非诚勿扰Ⅱ’는 우리의 바람대로 전편에 이어 여전히 경쾌하고 유머러스한 스토리 전개를 유지하며 친펀과 샤오샤오의 사랑의 후속편을 재미있고 맛깔스럽게 묘사하고 있다. 샤오샤오는 죽음의 문턱에서 돌아와 팡선생과의 애증의 관계를 정리하고 친펀과의 새로운 사랑을 갈구하는데, 이에 친펀은 아름다운 한 여인의 사랑의 환심을 사고자 무톈위 장성(慕田峪长城)에서 프러포즈에 나선다.

한편, 두 사람의 막역지우였던 리썅산과 망궈는 5년간의 결혼생활을 정리하는 이별식을 공개적으로 거행하는데, 식이 끝난 후 망궈는 샤오샤오에게 일종의 ‘시험혼(試驗婚)’을 제의하며 친구의 섣부른 애정관에 일침을 준다. 친펀과 샤오샤오는 싼야의 아름다운 해변 별장으로 여행을 떠나 둘의 시험혼 생활을 시작하는데, 샤오샤오는 친펀을 향한 자신의 감정이 진정한 사랑으로 승화되지 못 하는 상황에 괴로워하다 둘은 마침내 새로운 이별을 맞이하게 된다.

각자 서로의 자리로 돌아가 생활하던 친펀과 샤오샤오는 차마 떨쳐버리지 못 한 사랑과 회한의 감정을 마음 속에 간직한 채 덧없는 시간들이 흘러가게 된다. 어느 날, 친펀은 절친 리썅산이 피부암에 걸려 시한부 인생을 살고 있음을 알게 되고, 그 날 식당에서 샤오샤오와 망궈를 우연히 조우하며 묘한 감정의 격랑에 휩쓸리게 된다.

친펀의 요청으로 싼야에서 마련하게 된 리썅산의 ‘인생 고별식’.... 샤오샤오와 망궈, 망궈의 새로운 남자친구, 친펀의 옛친구 우썅, 그리고 리썅산의 외동딸까지 참석한 인생 고별식에서 리썅산은 자신의 인생을 되돌아보며 친구들에게 인생의 마지막 인사말과 고마움을 전한다. 그리고 친펀과 샤오샤오의 재결합을 간곡히 권고하는데......

"결혼은 어찌 선택하던 모두 잘못된 것이야. 잘못인 줄 알면서도 그대로 계속 밀고 나가는 것이 바로 결혼이야....."라는 말과 함께....

현재 시중에 출간된 영화중국어 교재는 그리 많지 않다. 재미있고 효과적인 학습을 할 수 있는 장점에도 불구하고, 실제로 영화 대사를 통해 중국인들의 생활과 문화, 그리고 그들의 언어를 학습하고자 하는 열의가 많지 않은 듯하여 늘 안타까운 마음이다. 80년대 후반, 지금처럼 중국어 학습교재가 많지 않던 시절, 중국영화가 수입되었다는 소식을 들으면 곧 여자친구와 함께 극장으로 달려가곤 했던 추억들이 새삼스럽게 떠오른다. 그 때 접했던 중국 대륙의 '芙蓉鎮, 紅高粱, 菊豆, 紅燈' 등등의 낯선 영화들.... 어느날 TV로 방영되던 '紅燈'을 카세트플레이어로 직접 녹음하여 등하교시에 수도 없이 듣고 다녔었다. 약 천 번쯤 들으면 귀가 뚫릴까 하는 마음으로...... 풍요 속의 빈곤이라 했던가? 수많은 중국어 교재 중에서 영화를 통한 학습을 할 수 있는 교재가 많지 않음을 늘 안타깝게 여기던 터라, 전편에 이어 '非诚勿扰Ⅱ'를 다시 번역하고 주를 달아 중국어 학습교재로 내놓는다. 홍수처럼 쏟아지는 수많은 중국어 학습교재들 속에서 흥미와 학습효과를 동시에 가져다 줄 수 있는 교재로 본 학습서를 또다시 출간한다. 중국 영화의 흥미로운 스토리 외에 영화의 각 장면에서 펼쳐지는 중국인들의 주옥같은 명대사를 오로지 '영화중국어' 속에서 찾아 공부할 수 있는 것이 본 교재의 가장 큰 장점이자 본서의 출간 목적이 될 것이다. 영화를 보며 교재의 내용과 비교학습을 꾸준히 하다 보면 중국인들의 살아있는 대사들이 어느새 자신의 것으로 변화하게 됨을 스스로 느낄 수 있을 것이다. 중국어학도들의 많은 관심을 기대하며, 그들의 중국어 학습에 본서가 일조를 할 수 있기를 간절히 바라는 마음으로 이 교재를 다시 세상에 내놓는다. 본서의 출간에 큰 도움을 주신 '제이앤씨'의 여러 관계자 선생님들께 깊은 감사의 인사를 드린다.

2018년 3월 20일

꽃샘추위가 내린 성주산 기슭에서....

차 례

冯小刚 作品

- 导演 : 冯小刚
- 出品 : 华谊兄弟影业投资有限公司
- 出品人 : 王中军 ; 庄澄 ; 王同元 ; 赵晨光
- 制作人 : 王中军 ; 冯小刚 ; 庄澄 ; 杨受成 ; 陈国富
- 原著 : 冯小刚 ; 陈国富
- 导演 : 冯小刚
- 编剧 : 王朔 ; 冯小刚 ; 许锦涛
- 摄影 : 吕乐
- 配乐 : 栾树
- 剪辑 : 肖洋
- 美术设计 : 石海鹰
- 视觉特效 : 肖洋
- 录音 : 吴江
- 发行 : 华谊兄弟传媒股份有限公司
  中国电影集团电影发行放映分公司
  中影集团数字电影院线有限公司
- 监制 : 陈国富

Féngxiǎogāng 작품

- 총감독 : Féngxiǎogāng
- 제작 : Huáyì xiōngdì yǐngyè tóuzī yǒuxiàngōngsī
- 프로듀서 : Wángzhōngjun ; Zhuāngchéng ; Wángtóngyuán ; Zhàochénguāng
- 제작자 : Wángzhōngjun ; Féngxiǎogāng ; Zhuāngchéng ; Yángshòuchéng ; Chénguófù
- 원작 : Féngxiǎogāng ; Chénguófù
- 감독 : Féngxiǎogāng
- 시나리오 : Wángshuò ; Féngxiǎogāng ; Xǔjǐntāo
- 촬영 : Lǚlè
- 음악 : Luánshù
- 편집 : Xiāoyáng
- 미술디자인 : Shíhǎiyīng
- 특수시각효과 : Xiāoyáng
- 녹음 : Wújiāng
- 배급 : Huáyì xiōngdì chuánméi gǔfèn yǒuxiàngōngsī
  Zhōngguó diànyǐng jítuán diànyǐng fāxíng fàngyìng fèngōngsī
  Zhōngyǐngjítuán shùzì diànyǐngyuànxiàn yǒuxiàngōngsī
- 프로듀싱 : Chénguófù

剧中人(등장인물)

【秦奋】Qínfèn : 葛优 Gěyōu

【梁笑笑】Liángxiàoxiào : 舒淇 Shūqí

【芒果】Mángguǒ : 姚晨 Yáochén

【李香山】Lǐxiāngshān : 孙红雷 Sūnhóngléi

【轩轩】Xuānxuān : 安以轩 Ānyǐxuān

【建国】Jiànguó : 廖凡 Liàofán

【李坚强】Lǐjiānqiáng : 邵兵 Shàobīng

【川川】Chuānchuān : 关晓彤 Guānxiǎotóng

【选美主持人】Xuǎnměi zhǔchírén : 窦文涛 Dòuwéntāo

【选美冠军】Xuǎnměi guànjūn : 王希维 Wángxīwéi

【评委赵学海】Píngwěi Zhàoxuéhǎi : 赵宝刚 Zhàobǎogāng

【拍卖主持人】Pāimài zhǔchírén : 乐嘉 Lèjiā

【美女模特】Měinǚ mótè : 张馨予 Zhāngxīnyǔ

【邬桑】Wūsāng : 邬逸聪 Wūyìcōng

【旁白】Pángbái : 张涵予 Zhānghányǔ

窈窕淑女　君子好逑

求之不得　辗转反侧

요조숙녀는 군자의 좋은 배필(配匹)

구해도 얻지 못하니 이리저리 뒤척뒤척

▌용어해설▌

㉧ : 명사	㉢ : 대명사	㉧ : 동사	㉧ : 형용사
㉥ : 부사	㉦ : 상태형용사	㉨ : 전치사	㉨ : 조사
㉨ : 접속사	㉠ : 감탄사	양 : 양사	고 : 고유명사
수 : 수사	방 : 방언	성 : 사자성어	

01

剧情 친펀과 샤오샤오는 북해도 여행을 통해 진정한 사랑을 확인한 후, 서로 새로운 사랑의 출발을 기약하고 돌아왔다. 그러나 이들의 사랑은 생각 외로 진전이 지지부진하다. 친펀의 낙천적 성격 탓일까...? 샤오샤오의 마음은 갈팡질팡... 어떻게 마음을 다잡아야 할지 알 수가 없다. 나이는 많아도 늘 어린아이 같기만한 천진한 성격의 친펀.......

从北海道回来后，笑笑对方先生就彻底死心了，对爱情也灰心了。和秦奋的交往一直让她很矛盾，有时觉得此人很贴心，也有趣，有时又觉得他很情绪化，悲观起来就颓废，兴奋起来就失控。挺大的人了，却仍然像个孩子。最让她纠结的是虽然她努力想让自己爱上秦奋，然而却始终止步于好感。

秦奋已经不年轻了。北京话，'苍孙'。苍孙无限好，只是近黄昏。和笑笑不同，在结婚这件事上，他是希望尽快把生米煮成熟饭的。为此他特意选择了慕田峪长城，决定在那里向笑笑正式求婚。

Cóng Běihǎidào huílái hòu, Xiàoxiao duì Fāngxiānshēng jiù chèdǐ sǐxīn le, duì àiqíng yě huīxīn le。Hé Qínfèn de jiāowǎng yìzhí ràng tā hěn máodùn, yǒushí juéde cǐrén hěn tiēxīn, yě hěn yǒuqù, yǒushí yòu juéde tā hěn qíngxùhuà, bēiguānqilái jiù tuífèi, xīngfènqilái jiù shīkòng。Tǐng dà de rén le, què réngrán xiàng ge háizi。Zuì ràng tā jiūjié de shì suīrán tā nǔlì xiǎng ràng zìjǐ àishang Qínfèn, rán'ěr què shǐzhōng zhǐbù yú hǎogǎn。

Qínfèn yǐjīng bù niánqīng le。Běijīnghuà, 'cāngsūn'。Cāngsūn wúxiàn hǎo, zhǐshì jìn huánghūn。Hé Xiàoxiao bù tóng, zài jiéhūn zhè jiàn shì shang, tā shì xīwàng jǐnkuài bǎ shēngmǐ zhǔchéng shóufàn de。Wèi cǐ tā tèyì xuǎnzé le Mùtiányù chángchéng, juédìng zài nàli xiàng Xiàoxiao zhèngshì qiúhūn。

[단어]

□ **北海道** [Běihǎidào] ⓜ (일본) 홋카이도

□ **彻底** [chèdǐ] ⓗ 철저하다, 철저히 하다

□ **死心** [sǐxīn] ⓓ 단념하다, 희망을 버리다

□ **爱情** [àiqíng] ⓜ 남녀 간의 사랑, 애정

□ **灰心** [huīxīn] ⓓ 낙담하다, 낙심하다, 의기소침하다

□ **交往** [jiāowǎng] ⓜ 교제, 왕래 ⓓ 왕래하다, 내왕하다, 교제하다

□ **矛盾** [máodùn] ⓜ 모순, 갈등, 대립, 배척, 배타, 불화, 반목 ⓗ 모순적이다

□ **贴心** [tiēxīn] ⓗ 가장 친하다, 마음이 딱 맞다, 제일 가깝다, 마음에 딱 들다

□ **有趣** [yǒuqù] ⓗ 재미있다, 흥미있다, 흥미를 끌다 ↔ [无聊(wúliáo), 乏味(fáwèi)]

□ **情绪** [qíngxù] ⓜ 정서, 감정, 마음, 기분 **'情绪+化(접미사)'

□ **悲观** [bēiguān] ⓗ 비관하다, 비관적이다 ↔ [乐观(lèguān)]

□ **颓废** [tuífèi] ⓗ 의기소침하다, 의욕이 없고 활기(원기)가 없다, 퇴폐적이다
ⓓ (건축물이) 허물어지다, 무너져 못 쓰게 되다

□ **兴奋** [xīngfèn] ⓗ (감정을) 불러일으키다, 격동하다, 격분하다, 흥분하다
ⓓ (감정·감각 등을) 불러일으키다, 흥분시키다, 자극시키다
ⓜ 흥분 ↔ [平静(píngjìng)]

□ **失控** [shīkòng] ⓓ 통제력을 잃다, 제어하지 못하다

□ **纠结** [jiūjié] ⓓ 결탁하다, 연합하다, 뒤엉키다, 뒤얽히다

□ **努力** [nǔlì] ⓓ 노력하다, 힘쓰다, 열심히 하다

□ **始终** [shǐzhōng] ⓜ 처음과 끝, 시종 ⓑ 시종일관, 한결같이, 줄곧

□ **止步** [zhǐbù] ⓓ 머물다, 걸음을 멈추다, 통행을 금지하다

□ **好感** [hǎogǎn] ⓜ 호감, 좋은 감정 ↔ [反感(fǎngǎn)]

□ **无限** [wúxiàn] ⓑ 매우, 대단히, 아주 ↔ [有限(yǒuxiàn)]
ⓗ 끝이 없다, 무한하다, 한도가 없다, 그지없다

□ **黄昏** [huánghūn] ⓜ 황혼, 해질 무렵 ↔ [黎明(límíng)]

□ **生米** [shēngmǐ] ⓜ 생쌀, 익히지 않은 쌀

□ **熟饭** [shóufàn] ⓜ 익은 밥, 다 된 밥

□ **特意** [tèyì] ⓑ 특별히, 일부러 ≒ [特地(tèdì)]

□ **选择** [xuǎnzé] ⓜ 선택 ⓓ 고르다, 선택하다

□ **求婚** [qiúhūn] ⓓ 구혼하다

[설명] ——————

□ 笑笑对方先生就彻底死心了, 对爱情也灰心了 : 두 개의 '了'는 모두 상황·상태의 변화를 나타내는 어기조사(语气助词). 문말에 사용되므로, 완성 의미의 '了'와는 구별해야 함. '…(게) 되다', '…(해)지다', '…(이) 되다'의 의미. '死心了'→'체념·단념하게 되다', '灰心了'→'낙담·낙심·의기소침하다'. '了'와 결합할 수 있는 성분은 동사(구), 형용사, 명사 등이 있음.

1. 'V+了' : 苹果熟了 | 休息了
2. 'V+O+了' : 我现在有电影票了
3. 'V+了+O+了' : 我已经买了三本书了
4. 'A+了' : 橘子红了 | 头发白了
5. 'N+了' : 春天了 | 二十岁了

□ 和 秦 奋 的 交 往 一 直 让 她 很 矛 盾:

和秦奋的	交往	一直	让她很矛盾
주어		술어	
관형어	중심어	부사어	중심어

단순성분의 주어가 아니라 '관형어+중심어'구조로 구성된 주어임. 관형어는 또한 '전치사+명사'의 구조로 결합되어 '的'와 결합됨. '交往'은 이러한 관형어의 수식을 받음.

□ 悲观起来就颓废, 兴奋起来就失控 : 동작이나 상황이 시작됨을 나타냄.

V/A+起来 : 1. 'V+起来'--동사 뒤에 결합하여 동작이 위쪽으로 향함을 나타냄.
站起来(일어서다) | 抱起来(안아 올리다) | 扶起来(부축해 일으키다)
2. 'V or A+起来'--동작이나 상황이 시작되고 또한 계속됨을 표시.
暖起来(따뜻해지다) | 好起来(좋아지다) | 做起来(하기 시작하다)
3. 'V+起来'--동작이 완성되거나 목표가 달성됨을 표시.
想起来(생각이 나다) | 记起来(기억해내다, 떠올려내다)
4. 'V+起来'--인상이나 견해를 나타냄.
看起来(보기에, 보아하니) | 听起来(듣자하니)

□ 挺大的人了 : '꽤 큰(나이 많은) 사람이 되었다'. 명사성성분(挺大的人)과 결합하여 상황·상태의 변화를 나타내는 어기조사(语气助词) '了'.

□ 爱上秦奋 : '친편을 사랑하게 되다'

V+上 : 1. 동작의 시작과 지속을 나타냄. 爱上她 | 传染上流感
2. 동작, 행위가 실현되거나 어떤 목적에 도달하여 결과가 생성됨을 표현함.
碰上 | 考上大学 | 关上门 | 交上女朋友

□ 止步于好感 : 'VP+于+N' -- '…에 …하다', '…에서 …하다'.

□ 苍孙 [cāngsūn] : '苍髯老贼(cāngránlǎozéi)'를 뜻하는 말로서 '수염이 희끗희끗한 나이든 남자들'을 지칭하는 베이징 방언.

- □ **生米煮成熟饭** [shēngmǐzhǔchéngshúfàn] : 성 엎질러진 물이다, 어찌할 수가 없다
- □ **慕田峪长城** [Mùtiányù Chángchéng] : 베이징시 근교 화이러우현에 위치한 만리장성의 일부분. "万里长城, 慕田峪独秀(만리장성 가운데, 무톈위가 가장 출중함)"라는 말처럼 뛰어난 경관을 자랑함. 성곽의 길이가 5,400미터에 달하여 현재 중국에서 가장 긴 장성에 해당함. '베이징 十六景' 중의 하나로서 국가 AAAAA급 여행지에 해당함.
- □ **决定在那里向笑笑正式求婚** : '在那里向笑笑正式求婚(그 곳에서 샤오샤오에게 정식으로 구혼할 것)' 전체 어구가 동사 '决定(결정하다)'의 목적어가 됨.

02

剧情 무텐위 장성에 오른 두 사람... 유머러스한 천성을 타고난 친펀은 샤오샤오를 향한 정식 프러포즈에서도 예의 익살을 부린다. 이들의 사랑은 과연 어떻게 전개되어질까? 결혼이라는 최종 관문으로 골인할 수 있을까....?

笑笑 : 你起来！ 你实在点，行吗?

Xiàoxiao : Nǐ qǐlái! Nǐ shízai diǎn, xíng ma?

秦奋 : 你答应我。咱俩先结了，以后后悔再说以后的。

Qínfèn : Nǐ dāying wǒ。Zánliǎ xiān jié le, yǐhòu hòuhuǐ zài shuō yǐhòu de。

笑笑 : 你想清楚了，结了我可是不离的。

Xiàoxiao : Nǐ xiǎng qīngchu le, jié le wǒ kěshì bù lí de。

秦奋 : 你要离，我就接孟姜女的班，把剩下的那段长城也哭塌了，没你我活不了。

Qínfèn : Nǐ yào lí, wǒ jiù jiē Mèngjiāngnǚ de bān, bǎ shèngxia de nà duàn Chángchéng yě kūtā le, méi nǐ wǒ huóbuliǎo。

笑笑 : 你老实告诉我，你今年到底多大了?

Xiàoxiao : Nǐ lǎoshi gàosu wǒ, nǐ jīnnián dàodǐ duō dà le?

秦奋 : 六一，六一的嘛。

Qínfèn : Liù yī, liù yī de ma。

笑笑 : 你都六十一啦?

Xiàoxiao : Nǐ dōu liùshíyī la?

秦奋 : 六一年生的。

Qínfèn : Liù yī nián shēng de。

笑笑 : 四十！那后面还有三十年呢。

Xiàoxiao : Sìshí, Nà hòumian hái yǒu sānshí nián ne。

秦奋 : 活不了那么长，活不了那么长。

Qínfèn : Huóbuliǎo nàme cháng, huóbuliǎo nàme cháng。

[단어]

- □ **实在** [shízai] ⓗ 착실하다, 성실하다, 건실하다, 꼼꼼하다, 알차다
- □ **答应** [dāying] ⓓ 대답하다, 응답하다, 동의하다, 허락하다, 승낙하다
- □ **咱** [zán] ⓓ 우리(들) 이체자 : (偺, 僋, 喒)
- □ **俩** [liǎ] 수 두 사람, 두 개
- □ **结** [jié] ⓓ 매다, 묶다, 엮다, 짜다, 뜨다, 결합하다, 결성하다, 맺다, 응결(凝結)하다
- □ **后悔** [hòuhuǐ] ⓓ 후회하다, 뉘우치다
- □ **离** [lí] ⓙ …에서, …로부터, …까지
  ⓓ 분리하다, 분산하다, 갈라지다, 떠나다, 헤어지다, 결핍하다
- □ **接班** [jiēbān] ⓓ (직무·권력을) 계승하다, 후계하다, (작업·임무·근무를) 교대하다
- □ **塌** [tā] ⓓ 무너지다, 붕괴하다, 넘어지다, 꺼지다, 움푹 패다, 가라앉다, 내려앉다
- □ **老实** [lǎoshi] ⓗ 성실하다, 솔직하다, 정직하다, 온순하다, 얌전하다, 고분고분하다
- □ **到底** [dàodǐ] ⓑ 도대체, 마침내, 결국, 아무래도, 역시
- □ **啦** [la] ⓙ '了(le)'와 '啊(a)'의 합음자

[설명]

- □ **咱俩** [zán liǎ / zá liǎ] : '우리 두 사람'
- □ **以后后悔再说以后的** : '以后后悔'와 '再说以后的' 두 개의 단문이 결합된 구조. 앞 문장이 조건을 나타냄. '나중에 후회하게 되면, 그 때 다시 얘기합시다.'
- □ **你想清楚了** : '想'+'清楚'가 결합된 술보구조. 완성 · 결과를 표현함.
  '了'는 명령 의미의 어기조사. '분명히 잘 생각해야 합니다.'
- □ **接孟姜女的班** : '술(어)+목(적어)'구조의 단어 '接班'에서 '班'에 관형어가 결합된 구조.
- □ **哭塌** : 전형적인 술보구조 형식의 표현. '哭'는 술어, '塌'는 결과보어.
- □ **活不了** : 'V不了'는 동사의 동작이 완료, 완결될 수 없음을 나타냄. '…할 수 없다.'
- □ **多大了?** : '多', ⓑ '얼마나'. 의문문에 쓰여 정도를 물음. '나이가 얼마나 됐어요?'
- □ **你都六十一啦?** : '都'는 '이미', '벌써'의 의미. ('已经'의 의미, 여기선 文末의 '啦'와 호응)
- □ **那后面还有三十年呢** : '那'는 접속사로서 문두에 쓰여 '그러면, 그렇다면'의 의미를 표시.

笑笑：二十年总有吧？你跟谁过过二十年？

Xiàoxiao : Èrshí nián zǒng yǒu ba。Nǐ gēn shéi guòguo èrshí nián?

秦奋：还真没有。

Qínfèn : Hái zhēn méi yǒu。

笑笑：那你怎么敢保证就可以跟我白头到老呢？

Xiàoxiao : Nà nǐ zěnme gǎn bǎozhèng jiù kěyǐ gēn wǒ báitóudàolǎo ne?

秦奋：我不知道，是愿望吧。

Qínfèn : Wǒ bù zhīdào, shì yuànwàng ba。

笑笑：结婚对你来说意味着什么呀？是爱吗？

Xiàoxiao : Jiéhūn duì nǐ lái shuō yìwèizhe shénme ya? Shì ài ma?

秦奋：不是不是，绝不是。这我懂，爱是有寿命的。我要真爱你，我就不给你结婚啦。说秃噜嘴了，说秃噜嘴了，爱还是爱的。

Qínfèn : Bú shì Bú shì, jué bú shì。Zhè wǒ dǒng, ài shì yǒu shòumìng de。Wǒ yào zhēn ài nǐ, wǒ jiù bù gěi nǐ jiéhūn la。Shuō tūlu zuǐ le, shuō tūlu zuǐ le, ài háishì ài de。

笑笑：你别，你别找补。我愿意听你说真话。

Xiàoxiao : Nǐ bié, nǐ bié zhǎo bǔ。Wǒ yuànyì tīng nǐ shuō zhēnhuà。

秦奋：生米终于要煮成熟饭了！

Qínfèn : Shēngmǐ zhōngyú yào zhǔchéng shóufàn le!

[단어]

□ **总** [zǒng] ㊎ 대체로, 대개, 대략, 전체적으로 보아 ['大概'에 상당함]

□ **过** [guò] ㊍ 가다, 건너다, (지점을) 지나다, 경과하다, (시점을) 지나다
㊍ 살다, 생활하다, 지내다, 경과하다, 보내다, (범위·한도를) 넘다, 초과하다

□ **敢** [gǎn] ㊍ 용기를 내다, 용기있게 행동하다, 자신 있게 …하다, 과감하게 …하다
㊔ 용기가 있다, 용감하다, 담력이 세다

□ **保证** [bǎozhèng] ㊍ 보증하다, 담보하다, (요구사항과 기준을) 확실히 책임지다, 확보하다 ㊑ 담보(물)

□ **愿望** [yuànwàng] ㊑ 희망, 소망, 바람, 소원

□ **意味着** [yìwèizhe] ㊍ 의미하다, 뜻하다, 나타내다

□ **绝** [jué] ㊎ 극히, 몹시, 가장, 제일, 아주, 매우, 절묘하게, 기발하게, 색다르게, 특별하게, 절대로, 결코, 반드시, 완전히 [주로 부정사 앞에 쓰임] ㊍ 끊다, 끊어지다, 단절하다

□ **寿命** [shòumìng] ㊑ 수명, 명, 목숨, 생명

□ **秃噜** [tūlu] ㊍방 (끈이) 풀리다, 느슨해지다, 떨어지다 ㊍방 질질 끌다(끌리다), 떨어져 내리다 ㊍방 (털·깃털이) 빠지다, 떨어지다

□ **嘴** [zuǐ] ㊑ 입의 속칭, (～儿) 입(부리)처럼 생긴 것, 먹을거리, 음식

□ **找补** [zhǎobu] ㊍ 보충하다, 채우다

□ **真话** [zhēnhuà] ㊑ 참말, 진실한 말

[설명]

□ **吧** : ㊆ 문장 맨 끝에 쓰여, '명령·청유·동의·추측·상의·제의·기대' 등의 어기를 나타냄.

□ **你跟谁过1过2二十年?** : '过$_1$'--㊍살다, 지내다. '过$_2$'--㊆동작의 경험·완료 표시 동태조사.

□ **白头到老** [báitóudàolǎo] : 백년해로(하다)

□ **说秃噜嘴** : '말을 잘못하다, 말실수하다'. 说嘴(허풍떨다, 허세부리다, 자만하다)

□ **生米终于要煮成熟饭了!** : '(快)要……了' (곧 ……이 되다)

03

剧情 친펀의 절친 리썅산이 부인 망궈와의 5년 결혼생활을 청산하면서 '이혼식'을 성대하게 거행한다. 쉽게 만나고 가벼이 헤어지는 오늘날의 사랑을 따끔하게 풍자하면서 이를 해학적으로 그려내는 영화의 한 장면이 씁슬한 웃음을 자아낸다. 이혼식의 사회를 맡게 된 친펀..... 과연 그에게 사랑과 결혼은 무엇을 의미하는 것일까....?

秦奋 : 我宣布，芒果女士和李香山先生的离婚典礼现在开始。请二位旧人入场。停! 今天我们在一起见证。我们的共同的好朋友芒果和香山结束他们维持五年的婚姻，从夫妻变回熟人。请你们对钱发誓以下你们做出的承诺是诚实可信、深思熟虑、义无反顾的。

Qínfèn : Wǒ xuānbù, Mángguǒ nǚshì hé Lǐxiāngshān xiānsheng de líhūn diǎnlǐ xiànzài kāishǐ。Qǐng èr wèi jiùrén rùchǎng。Tíng! Jīntiān wǒmen zài yìqǐ jiànzhèng。Wǒmen de gòngtóng de hǎo péngyou Mángguǒ hé Xiāngshān jiéshù tāmen wéichí wǔ nián de hūnyīn, cóng fūqī biànhuí shóurén。Qǐng nǐmen duì qián fāshì yǐxià nǐmen zuòchū de chéngnuò shì chéngshíkěxìn、shēnsīshúlǜ、yìwúfǎngù de。

秦奋: 芒果，你诚实地回答我。把手放上! 从今往后，不论香山多么富有、多么健康、多么爱你，你都不愿意和他在一起吗?

Qínfèn : Mángguǒ, nǐ chéngshíde huídá wǒ。Bǎ shǒu fàngshang! Cóngjīnwǎnghòu, búlùn Xiāngshān duōme fùyǒu、duōme jiànkāng、duōme ài nǐ, nǐ dōu bú yuànyì hé tā zài yìqǐ ma?

芒果 : 不愿意。

Mángguǒ : Bú yuànyì。

秦奋: 香山，你诚实地回答我。从今往后，不论芒果多么漂亮、多么动人、多么爱你，你都不愿意和她在一起吗?

Qínfèn : Xiāngshān, nǐ chéngshíde huídá wǒ。Cóngjīnwǎnghòu, búlùn Mángguǒ duōme piàoliang、duōme dòngrén、duōme ài nǐ, nǐ dōu bú yuànyì hé tā zài yìqǐ ma?

[단어]

□ **宣布** [xuānbù] ㊍ 선포하다, 공표하다, 선언하다, 발표하다

□ **离婚** [líhūn] ㊍ 이혼하다 ↔ (结婚)

□ **典礼** [diǎnlǐ] ㊔ (성대한) 식, 의식, 행사

□ **停** [tíng] ㊍ 정지하다, 멎다, 서다, 중지하다, 세우다, 정거하다, 머물다, 묵다

□ **见证** [jiànzhèng] ㊍ (눈으로 직접 보아) 증명할 수 있다, 증거를 댈 수 있다
㊔ 증거 물품, (현장) 증인

□ **结束** [jiéshù] ㊍ 끝나다, 마치다, 종결하다, 종료하다, 마무르다

□ **维持** [wéichí] ㊍ 유지하다, 지키다, 지지하다, 후원하다, 돌보다, 원조하다, 보호하다

□ **婚姻** [hūnyīn] ㊔ 혼인, 결혼, 혼사

□ **熟人** [shúrén] ㊔ 잘 아는 사람

□ **发誓** [fāshì] ㊍ 맹세하다

□ **承诺** [chéngnuò] ㊍ 승낙하다, 대답하다 ㊔ 승낙, 대답

□ **诚实** [chéngshí] ㊗ 진실하다, 참되다, 성실하다

□ **可信** [kěxìn] ㊗ 신용(신뢰)할 수 있다, 미덥다, 믿을 만하다

□ **深思熟虑** [shēnsīshúlǜ] 성 심사숙고하다

□ **义无反顾** [yìwúfǎngù] 성 정의를 위해 주저하지 않고 용감하게 나아가다

□ **不论** [búlùn] ㊑ …을 막론하고, …이든 간에 (뒤에 주로 '都'·'总' 등이 호응)
㊍ 논하지 않다, 문제삼지 않다, 따지지 않다

□ **多么** [duōme] ㊎ 얼마나 (감탄문·의문문에서 정도가 심함을 표현), 아무리

□ **动人** [dòngrén] ㊗ 감동적이다

[설명]

□ **变回** : 술보구조. '变'은 술어, '回'는 보어. 결과보어식으로서 '…으로 변하다'의 의미.

□ **放上** : 술보구조의 방향보어식. '上'은 전면동사 '放'의 동작의 방향이나 결과를 나타냄.

香山：不愿意。

Xiāngshān : Bú yuànyì。

秦奋：下面请二位互相交回戒指，我替你们挖坑埋了。要最后一吻吗？

Qínfèn : Xiàmiàn qǐng èr wèi hùxiāng jiāohuí jièzhi, wǒ tì nǐmen wā kēng mái le。Yào zuìhòu yì wěn ma?

群众：要。

Qúnzhòng : Yào。

芒果：不必了吧。

Mángguǒ : Búbì le ba。

香山：那就不必了吧。

Xiāngshān : Nà jiù búbì le ba。

秦奋：他们说不必了。下面，剪囍字。那就像熟人一样握个手吧。去呀，去呀，去呀！再像熟人一样拥个抱吧。

Qínfèn : Tāmen shuō búbì le。Xiàmiàn, jiǎn xǐzì。Nà jiù xiàng shóurén yíyàng wò ge shǒu ba。Qù ya, qù ya, qù ya! Zài xiàng shóurén yíyàng yōng ge bào ba。

[단어]

□ **互相** [hùxiāng] 부 서로, 상호

□ **交回** [jiāohuí] 동 돌려주다, 반환하다

□ **戒指** [jièzhi] 명 반지

□ **替** [tì] 동 대신하다, 대체하다 전 …을(를) 위하여, …때문에

□ **挖** [wā] 동 (공구나 손으로) 파다, 파내다, 후비다, 깍아내다, 찾아내다, 발굴하다
=(挖掘) [wājué] 동 파(내)다, 캐다, 찾아 내다, 발굴하다

□ **坑** [kēng] 동 (사람을) 함정(곤경)에 빠뜨리다
명 (~儿) 구멍, 구덩이, 웅덩이, 움푹 패인 곳, 갱, 굴, 땅굴

□ **埋** [mái] 동 (흙·모래·눈·낙엽 등으로) 덮다, 묻다, 매장하다, 매몰하다, 숨기다, 은폐하다, 감추다, 밝히지 않다

□ **吻** [wěn] 동 입맞춤하다, 키스하다 명 입술, (동물의) 주둥이, 부리

□ **不必** [búbì] 부 …할 필요 없다 ↔(必须)

□ **剪** [jiǎn] 동 (가위 등으로) 자르다, 깍다, 끊다, 절단하다, 소탕하다, 제거하다

□ **握手** [wòshǒu] 동 악수하다, 손을 잡다 명 악수

□ **拥抱** [yōngbào] 동 포옹하다, 껴안다

[설명]

□ **交回**: '交'와 '回' 두 동사가 결합하여 구성된 술보구조의 단어. '交'는 '건네주다', '回'는 '돌아오다'로서 직역하면 '건네주어 이전대로 돌아오다'의 의미.

□ **我替你们挖坑埋了**: '구덩이를 파서 묻다'. '挖坑'과 '埋'는 연동(連動)구조로 이루어진 술어. 하나의 주어 '我'가 행하는 두 동작이 발생 순서에 따라 나열됨. 동사구 '替你们'은 부사구로 사용되어 술어 '挖坑埋'를 수식함.

□ **不必了吧**: '了'는 상황·상태의 변화를 나타내는 어기조사(語氣助詞). '이제는 뽀뽀할 필요가 없어졌다'는 뜻.

□ **剪囍字**: 双喜字[shuāngxǐzì(r)]. 결혼, 혼인을 상징하는 '囍'자를 자르다.

□ **就像熟人一样**: '像……一样', '마치 ……와 같다'.

□ **握个手, 拥个抱**: 술목(述目)구조 '握手', '拥抱' 중간에 양사 '(一)个'가 삽입된 형태.

芒果： 怎么那么多事啊，你？

Mángguǒ : Zěnme nàme duō shì a, nǐ?

秦奋： 抱吧！离了也是好朋友。散买卖，不散交情。

Qínfèn : Bào ba! Lí le yě shì hǎo péngyou。Sàn mǎimai, bú sàn jiāoqing。

秦奋： 二位倒香槟，不过啦。

Qínfèn : Èr wèi dào xiāngbīn, bú guò la。

香山： 不过啦！

Xiāngshān : Bú guò la!

群众： 不过啦！

Qúnzhòng : Bú guò la!

秦奋： 放鸽子。轩轩，咱俩一起放啊，把绳子解开。

Qínfèn : Fàng gēzi。Xuānxuān, zánliǎ yìqǐ fàng a, bǎ shéngzi jiěkāi。

轩轩： 嗯。

Xuānxuān : Ēn。

芒果： 谢谢你能来啊。

Mángguǒ : Xièxie nǐ néng lái a。

香山： 果果，好看吧？

Xiāngshān : Guǒguǒ, hǎokàn ba?

芒果： 好看。

Mángguǒ : Hǎokàn。

秦奋： 轩轩！

Qínfèn : Xuānxuān!

笑笑： 你今天怎么那么兴奋啊？

Xiàoxiao : Nǐ jīntiān zěnme nàme xīngfèn a?

秦奋： 为他们高兴啊？放飞的心情，离了还是好朋友。

Qínfèn : Wèi tāmen gāoxìng a! Fàngfēi de xīnqíng, lí le háishì hǎo péngyou。

[단어]

□ **散** [sàn · sǎn] ⓢ (모여 있던 것이) 흩어지다, 떨어지다, 분산되다, 흐트러지다
ⓗ 흩어진, 분산된, 낱개의, 산개한

□ **交情** [jiāoqing] ⓜ 우정, 친분, 정분

□ **香槟** [xiāngbīn] ⓜ 香檳酒(xiāngbīnjiǔ)(샴페인)의 약칭

□ **鸽子** [gēzi] ⓜ 비둘기, (비유)평화

□ **绳子** [shéngzi] ⓜ (노)끈, 새끼, 밧줄

□ **解开** [jiěkāi] ⓢ 열다, 풀다, 뜯다, 답을 풀다, 해답하다, 의문을 풀다

□ **兴奋** [xīngfèn] ⓗ 격동하다, 격분하다, (감정을) 불러일으키다, 흥분하다

□ **放飞** [fàngfēi] ⓢ (새·연을) 날리다, 날려 보내다, (비행기의) 이륙을 허락하다, (마음·생각·정서 등을) 홀가분하게 하다, 거리낌이 없게 하다

[설명]

□ **离了也是好朋友**: '了'는 동사 뒤에 사용되어, 예정되거나 가정적인 동작의 의미를 표시. '이혼한다 해도 또한 좋은 친구지'.

□ **散买卖, 不散交情**: '거래는 깨져도, 우정은 변함 없다'. 같이 부부로 살 수는 없지만, 우정만큼은 영원히 변함이 없다는 뜻.

□ **不过啦**: '过日子[guòrìzi] (생활하다, 날을 보내다, 지내다, 살다)'에서 '日子'가 생략된 것.

□ **解开**: 술보구조 중 결과보어식. 직역하면, '解(述語)-풀어서', '开(結果補語)-젖히다'.

□ **为他们高兴**: '为'는 '원인'을 나타내는 전치사. '…때문에, …까닭으로'.

□ **放飞**: 결과보어식. '放(述語)-놓아주다', '飞(結果補語)-날아가다'. 즉, '날려주다'의 의미.

笑笑：那当初结婚还干嘛？直接当好朋友不就成了。

Xiàoxiao : Nà dāngchū jiéhūn hái gàn má? Zhíjiē dāng hǎo péngyou bú jiù chéng le。

秦奋：那可不一样，结之前的好朋友和离之后的好朋友有本质的区别啊。

Qínfèn : Nà kě bù yíyàng, jié zhīqián de hǎo péngyou hé lí zhīhòu de hǎo péngyou yǒu běnzhì de qūbié a。

笑笑：终于可以不负责任了，是吧？

Xiàoxiao : Zhōngyú kěyǐ bú fù zérèn le, shì ba?

秦奋：不是不负责任，是谁也不图谁什么了。双方都不抱幻想了，才能做到真正的包容。这朋友交的多踏实啊。

Qínfèn : Bú shì bú fù zérèn, shì shéi yě bù tú shéi shénme le。Shuāngfāng dōu bú bào huànxiǎng le, cái néng zuòdào zhēnzhèng de bāoróng。Zhè péngyou jiāo de duō tāshí a。

香山：ECCO李，果果，认识吧？

Xiāngshān : ECCO lǐ, Guǒguǒ, rènshi ba?

ECCO李：认识，认识。

ECCO lǐ : Rènshi, rènshi。

香山：给大伙添堵了啊。

Xiāngshān : Gěi dàhuǒ tiāndǔ le a。

ECCO李：真羡慕你们俩。

ECCO lǐ : Zhēn xiànmù nǐmen liǎ。

香山：什么情况啊？干了，干了，干了。

Xiāngshān : Shénme qíngkuàng a? Gān le, gān le, gān le。

秦奋：哎，哎，哎，哎…

Qínfèn : Āi, āi, āi, āi…

[단어]

- □ **当初** [dāngchū] ㉷ 당초, 애초, 맨 처음, 이전, 원래, 당시, 그 전, 그 때 ↔(现在)
- □ **直接** [zhíjiē] ㉻ 직접적인 ↔(间接)
- □ **当** [dāng] ㉹ 담당하다, 맡다, …이(가) 되다, 맡아 보다, 주관하다, 관리하다
- □ **成** [chéng] ㉹ 완성하다, 성공하다, 이루다, …이(가) 되다, …(으)로 변하다
- □ **可** [kě] ㉶ 강조의 의미를 표시하는 부사
- □ **本质** [běnzhì] ㉷ 본질, 본성
- □ **终于** [zhōngyú] ㉶ 마침내, 결국, 끝내
- □ **负** [fù] ㉹ 부담하다, (임무를) 맡다, 책임지다, 당하다, 입다, 받다, (짐을) 지다
- □ **责任** [zérèn] ㉷ 책임, 책임져야 할 과실, 책임 소재
- □ **图** [tú] ㉹ 계획하다, 도모하다, 바라다, 꾀하다, 탐내다
- □ **抱** [bào] ㉹ 안다, 껴안다, 포옹하다, 둘러싸다, 에워싸다
- □ **幻想** [huànxiǎng] ㉷ 공상, 환상, 몽상 ㉹ 공상하다, 상상하다
- □ **包容** [bāoróng] ㉷ 포용 ㉹ 포용하다, 너그럽게 감싸다, 수용하다
- □ **踏实** [tāshi] ㉻ (태도가) 착실하다, 견실하다, 성실하다, 편안하다, 안정되다
- □ **大伙(儿)** [dàhuǒ(r)] 모두들, 여러 사람
- □ **添堵** [tiāndǔ] ㉹ 갈수록 막히다, 번민 (괴로움)이 가중되다, 갈수록 짜증나게 하다
- □ **羡慕** [xiànmù] ㉹ 흠모하다, 부러워하다, 탐내다, 선망(羨望)하다

[설명]

- □ **结之前的好朋友和离之后的好朋友有本质的区别啊** : 긴 문장이지만, 사실은 단순한 <u>'S+V+O'</u> 구조의 문장. '结之前的好朋友和离之后的好朋友'가 주어, '有'가 술어동사, '本质的区别'가 목적어, '啊'는 어기조사.
- □ **不是不负责任，是谁也不图谁什么了** : '不是……, (而)是……'. '……이 아니라, ……이다.'
- □ **才能做到真正的包容** : '做到'는 결과보어식. '到'는 동작 '做'의 완성, 완료를 나타냄.
- □ **多踏实啊** : '多' ㉶ '얼마나……'. 감탄문에 쓰여 정도를 물음.
- □ **给大伙添堵了** : ㉸ '给'는 '…에게, …을 향하여'. '여러 사람에게 폐를 끼치다'.

笑笑：刚和你一起放气球那女孩是谁啊？眉来眼去的。

Xiàoxiao : Gāng hé nǐ yìqǐ fàng qìqiú nà nǚhái shì shéi a? Méiláiyǎnqù de。

秦奋：这，这，香山他们公司聘的一台湾女主持。还老拉我跟她主持一档旅游节目，我一直没答应。

Qínfèn : Zhè, zhè, Xiāngshān tāmen gōngsī pìn de yì Táiwān nǚ zhǔchí。Hái lǎo lā, wǒ gēn tā zhǔchí yí dàng lǚyóu jiémù, wǒ yìzhí méi dāying。

笑笑：难怪香山今天那么兴奋呢？

Xiàoxiao : Nánguài Xiāngshān jīntiān nàme xīngfèn ne?

芒果：千万不要相信一见钟情。

Mángguǒ : Qiānwàn bú yào xiāngxìn yíjiànzhōngqíng。

某个男人：哪儿跌倒的哪儿爬起来。

Mǒuge nánrén : Nǎr diēdǎo de nǎr páqilái。

某个女人：香山哥，你真帅。

Mǒuge nǚrén : Xiāngshāngē, nǐ zhēn shuài。

香山：帅么？

Xiāngshān : Shuài me?

芒果：你哪儿的，你？ 你跟谁来的？

Mángguǒ : Nǐ nǎr de, nǐ? Nǐ gēn shéi lái de?

香山：什么情况？ 喝，喝，喝酒。

Xiāngshān : Shénme qíngkuàng? Hē, hē, hē jiǔ。

某个女人：香山哥，少喝啊。

Mǒuge nǚrén : Xiāngshān gē, shǎo hē a。

笑笑：你那么急着娶我，是不是也惦记着早结早离啊？

Xiàoxiao : Nǐ nàme jízhe qǔ wǒ, shì bú shì yě diànjìzhe zǎo jié zǎo lí a?

秦奋：我是打算跟你一条道走到黑的。

Qínfèn : Wǒ shì dǎsuàn gēn nǐ yì tiáo dào zǒudào hēi de。

[단어]

□ **气球** [qìqiú] ⓜ 고무풍선, 기구, 애드벌룬

□ **眉来眼去** [méiláiyǎnqù] 성 (남녀 사이에) 눈짓으로 마음을 전하다, 추파를 던지다, (몰래) 결탁하다, 내통하다, 짜다

□ **聘** [pìn] ⓓ 초빙하다, 모시다, 모셔오다, 정혼하다, 약혼하다

□ **主持** [zhǔchí] ⓓ 주관하다, 주재하다, 사회(MC)를 보다, 주장하다, 지지하다

□ **档** [dàng] ⓜ양 (상품·제품의) 등급, (격자로 짠) 선반, 장, (공)문서, 서류, 파일

□ **旅游** [lǚyóu] ⓓ 여행하다, 관광하다

□ **节目** [jiémù] ⓜ 프로그램(program), 프로, 종목, 항목, 레퍼토리(repertory), 목록

□ **难怪** [nánguài] ⓑ 어쩐지, 과연, 그러기에

ⓓ …하는 것도 탓할 수 없다, …하는 것을 나무랄 수 없다

□ **一见钟情** [yíjiànzhōngqíng] 성 첫눈에 (한눈에) 반하다

□ **跌倒** [diēdǎo] ⓓ 넘어지다, 쓰러지다, 자빠지다, 엎어지다, 좌절하다, 실패하다

□ **爬** [pá] ⓓ 기어오르다, 오르다, 기다, 기어가다

□ **帅** [shuài] ⓗ 잘생기다, 멋지다, 영준하다, 스마트하다, 보기 좋다, 훌륭하다

□ **急着** [jízhe] ⓓ 조급하게 서두르다, 초조해하다, 서둘러 …하다

□ **娶** [qǔ] ⓓ 아내를 얻다, 장가들다

□ **惦记** [diànjì] ⓓ 늘 생각하다, 항상 마음에 두다, 염려하다, 걱정하다

[설명]

□ **刚和你一起放气球那女孩是谁啊?** : '是' 앞의 어구 전체가 문장의 주어임.

□ **眉来眼去的** : '동사(구)/형용사(구)+的' -- '…하는 것', '…하는 사람'. '的'는 명사화 표지.

□ **(是)香山他们公司聘的一台湾女主持** : 어구 전체 앞에 '是'가 생략된 형태.

□ **还老拉我跟她主持一档旅游节目** : '老'는 '늘, 자주, 항상' 의미의 부사. '拉(V)+겸어(兼語)+VP' 형태의 겸어문(兼語文). '또한 늘 나로 하여금 그녀와 ……하게 한다.'

□ **哪儿跌倒的哪儿爬起来** : '의문사+VP_1, 의문사+VP_2' -- '…에서 VP_1하면, …에서 VP_2한다'.
躲哪儿追哪儿 (어디로 숨으면 어디로 쫓아간다. 즉, 어디까지라도 뒤쫓아 간다)

□ **你跟谁来的?** : '你'와 '跟谁来的' 사이에 '是'가 생략된 형태.

香山：哎，哎，原来你们俩跟这儿躲着我，我说我怎么逮不着你们呢，在这儿呢。

Xiāngshān : Āi, āi, yuánlái nǐmen liǎ gēn zhèr duǒzhe wǒ, wǒ shuō wǒ zěnme dàibuzháo nǐmen ne, zài zhèr ne。

秦奋：少喝，少喝。

Qínfèn : Shǎo hē, shǎo hē。

香山：受累了，哥哥，弟弟喝大了。大伙还满意吗？

Xiāngshān : Shòu lèi le, gēge, dìdi hēdà le。Dàhuǒ hái mǎnyì ma?

秦奋：都很受启发，很受鼓舞。有好几对都说了，回头他们分的时候也这么办。

Qínfèn : Dōu hěn shòu qǐfā, hěn shòu gǔwǔ。Yǒu hǎo jǐ duì dōu shuō le, huítóu tāmen fēn de shíhou yě zhème bàn。

香山：靠谱。

Xiāngshān : Kàopǔ。

香山：什么是生活？ 生活就是每天都有一个新的、美丽的、梦幻般的开始。

Xiāngshān : Shénme shì shēnghuó? Shēnghuó jiù shì měitiān dōu yǒu yí ge xīnde、měilìde、mènghuàn bān de kāishǐ。

芒果：真没良心，我告诉你我一会儿就开始，李香山。

Mángguǒ : Zhēn méi liángxīn, wǒ gàosu nǐ wǒ yíhuìr jiù kāishǐ, Lǐxiāngshān。

香山：果果，我问你，今天高不高兴？

Xiāngshān : Guǒguǒ, wǒ wèn nǐ, jīntiān gāo bu gāoxìng?

芒果：高兴。

Mángguǒ : Gāoxìng。

[단어]

□ **哎** [āi] ㉠ (놀람·반가움) 어! 야!, (불만) 원! 에이!, (주위 환기) 저기, 자

□ **原来** [yuánlái] ㉫ 알고 보니, 이전에, 처음에, 원래, 본래 ㉻ 고유의, 원래의, 본래의

□ **躲** [duǒ] ㉧ 피하다, 숨다

□ **逮** [dài] ㉧ 잡다, 체포하다, 붙들다 (逮捕[dàibǔ]), 이르다, 미치다

□ **受累** [shòulèi] ㉧ 고생하다, 수고하다, 노고를 끼치다

□ **满意** [mǎnyì] ㉻ 만족하다, 만족스럽다, 흡족하다

□ **启发** [qǐfā] ㉢ 계발, 깨우침, 영감 ㉧ 일깨우다, 계발하다, 시사하다, 영감을 주다

□ **鼓舞** [gǔwǔ] ㉧ 격려하다, 고무하다, 기운나게 하다, 분발하게 하다

□ **对** [duì] ㉢ 짝, 쌍　做对 (쌍을 이루다), 成双成对 (짝을 이루다)

□ **回头** [huítóu] ㉧ (뒤로) 고개를 돌리다, 되돌아오다　回头见 (조금 이따 보자)

□ **靠谱** [kàopǔ] ㉧ 이치에 맞다, 사실에 부합되다

□ **梦幻** [mènghuàn] ㉢ 몽환의 경지, 꿈의 세계, 환상적인 경지, 꿈과 환상, 몽상, 몽환

□ **般** [bān] ㉦ …같은, …와 같은 모양(종류)의, …와 같은 정도의

□ **良心** [liángxīn] ㉢ 선량한 마음, 양심

[설명]

□ **原来你们俩跟这儿躲着我** : '跟'은 전치사 용법. (방언) '…에서'.

□ **逮不着** : 'V+不着'. '…할 수 없다', '…하지 못하다'.
('不着'는 동사 뒤에 붙어 목적을 이루지 못함을 나타내는 보어로 쓰임)

□ **高不高兴?** : 본래는 '高兴不高兴?'　'긍정+부정'을 사용한 의문문의 축약형식.

香山：好不好?

Xiāngshān : Hǎo bu hǎo?

芒果：好。

Mángguǒ : Hǎo。

香山：有没有面子?

Xiāngshān : Yǒu méi yǒu miànzi?

芒果：嗯。

Mángguǒ : Ēn。

香山：以后想我了，给我打电话，随时。啊?

Xiāngshān : Yǐhòu xiǎng wǒ le, gěi wǒ dǎ diànhuà, suíshí。a?

芒果：你别给新认识的人花太多钱。

Mángguǒ : Nǐ bié gěi xīn rènshi de rén huā tài duō qián。

秦奋：散啦。诶，散啦，散啦啊。散啦，散啦。诶，散啦，散啦，散啦。各回各家。

Qínfèn : Sàn la。Èi, sàn la, sàn la a。Sàn la, sàn la。Èi, sàn la, sàn la, sàn la。Gè huí gè jiā。

芒果：你跟香山说，他别老一激动，就给新人花太多钱。

Mángguǒ : Nǐ gēn Xiāngshān shuō, tā bié lǎo yì jīdòng, jiù gěi xīnrén huā tài duō qián。

秦奋：哎哎哎，你这车，你这车，你这车，你们俩从此不是一车啦。

Qínfèn : Āi āi āi, nǐ zhè chē, nǐ zhè chē, nǐ zhè chē, nǐmen liǎ cóng cǐ bú shì yì chē la。

香山：果果大了。好不好?

Xiāngshān : Guǒguǒ dà le。Hǎo bu hǎo?

秦奋：好好好，太好了。

Qínfèn : Hǎo hǎo hǎo, tài hǎo le。

[단어]

□ **有面子** [yǒumiànzi] 면목이 서다, 체면이 있다

□ **想** [xiǎng] ⓢ 그리워하다, 보고싶어하다, 걱정하다, 생각하다, 바라다, 희망하다, 계획하다, …하고 싶다, …하려고 하다, …할 작정이다

□ **随时** [suíshí] ⓑ 수시로, 언제나, 아무 때나, 언제든지, 시시각각으로

ⓑ 그때 즉시 (곧), 그때 그때에, 제때, 적시에, 형편에 따라

□ **激动** [jīdòng] ⓢ (감정 등이) 격하게 움직이다, 감격하다, 감동하다, 흥분하다

ⓢ (감정을) 불러일으키다, 끓어오르게 하다, 감동시키다, 감격시키다

ⓗ (감정이) 충동적이다

[설명]

□ <u>你</u> <u>别</u> <u>给</u> <u>新认识的人</u> <u>花</u> <u>太多钱</u> : (당신 새로 사귄 사람에게 너무 많은 돈을 쓰지는 마세요)
S + 부정사 + 给 + NP + V + O

香山：好吧?

Xiāngshān : Hǎo ba?

秦奋：好好好。好着呢。走啦!

Qínfèn : Hǎo hǎo hǎo。Hǎozhe ne。Zǒu la!

负责人：奋哥!

Fùzérén : Fèn gē!

秦奋：怎么着?

Qínfèn : Zěnmezhe?

负责人：您得把这燕尾服还我。

Fùzérén : Nín děi bǎ zhè yànwěifú huán wǒ。

秦奋：你先拿着，裤子明儿再说啊。好嘞，回见回见。

Qínfèn : Nǐ xiān názhe, kùzi míngr zài shuō a。Hǎo lei, huíjiàn huíjiàn。

负责人：好，我给您关。

Fùzé rén : Hǎo, wǒ gěi nín guān。

秦奋：好。

Qínfèn : Hǎo。

[단어]

□ **得** [děi] ㉮ …해야 한다

□ **燕尾服** [yànwěifú] ㉯ 연미복

□ **裤子** [kùzi] ㉯ 바지

□ **嘞** [lē] 용법은 '了(·le)'와 비슷하고, 긍정의 어기를 나타냄

[lei] [조사] 용법은 '了(·le)'와 비슷하고, 긍정의 어기를 나타냄

[설명]

□ **好着呢** : '매우 …하다'. 형용사 뒤에 결합하는 '着'는 일반적으로 문장 끝에 '呢'를 동반하며, 강조의 어기를 나타낸다.

□ **回见** : 상투어로 사용되며, '이따(다시) 봅시다(만납시다)'의 의미.

04

剧情 리썅산과 망궈는 이혼식을 치른 후 각자의 집으로 돌아간다. 돌아오는 길, 차 안에서 망궈는 친펀과 샤오샤오에게 결혼에 대해 회의적인 얘기를 한다.

芒果 : 姓秦的，谢谢你啊。办的比我们结婚的时候都热闹。跟你求了么?

Mángguǒ : Xìng Qín de, xièxie nǐ a。Bàn de bǐ wǒmen jiéhūn de shíhou dōu rè'nao。Gēn nǐ qiú le me?

笑笑 : 当啷。

Xiàoxiao : Dānglāng。

芒果 : 千万别学我啊，脑袋一热就答应了。要结也得先试，好的就不用试了，试就试这人有多差劲。你都不可爱了，他还能对你好么?

Mángguǒ : Qiānwàn bié xué wǒ a, nǎodai yí rè jiù dāying le。Yào jié yě děi xiān shì, hǎo de jiù bú yòng shì le, shì jiù shì zhè rén yǒu duō chàjìn。Nǐ dōu bù kě'ài le, tā hái néng duì nǐ hǎo me?

秦奋 : 你从什么时候开始不可爱的?

Qínfèn : Nǐ cóng shénme shíhòu kāishǐ bù kěài de?

芒果 : 蜜月都没过完呢，他就嫌我笨了。

Mángguǒ : Mìyuè dōu méi guòwán ne, tā jiù xián wǒ bèn le。

秦奋 : 那咱们就从蜜月开始试。

Qínfèn : Nà zánmen jiù cóng mìyuè kāishǐ shì。

笑笑 : 不。要试咱们就从七年之痒开始，就试谁比谁讨厌。

Xiàoxiao : Bù。Yào shì zánmen jiù cóng qī nián zhī yǎng kāishǐ, jiù shì shéi bǐ shéi tǎoyàn。

[단어]

□ **热闹** [rènao] ⓗ (광경・분위기가) 번화하다, 흥성거리다, 떠들썩하다, 시끌벅적하다

□ **求** [qiú] ⓓ 부탁하다, 청구하다, 추구하다, 찾다, 탐구하다

□ **当啷** [dānglāng] (의성어) 딩동, 땡땡, 띵땅, 딸랑, 뎅그렁, 땡그랑

□ **脑袋** [nǎodai] ⓜ (사람이나 동물의) 머리(통), 골(통), 두뇌, 지능, 머리

□ **差劲** [chàjìn] ⓗ (능력·품질·성품 등이) 나쁘다, 정도가 낮다, 뒤떨어지다, 형편 없다

□ **可爱** [kě'ài] ⓗ 사랑스럽다, 귀엽다

□ **蜜月** [mìyuè] ⓜ 밀월, 허니문, 신혼의 첫째 달

□ **嫌** [xián] ⓓ 의심하다, 싫어하다, 역겨워하다, 꺼리다 ⓜ 혐의, 의심

□ **笨** [bèn] ⓗ 멍청하다, 우둔하다, 미련하다, 서툴다, 굼뜨다, 어눌하다, 육중하다

□ **痒** [yǎng] ⓗ 가렵다, 간지럽다 ⓗ …하고싶어 못 견디다, 좀이 쑤시다, 근질거리다

□ **讨厌** [tǎoyàn] ⓗ 꼴보기 싫다, 얄밉다, 혐오스럽다, 싫다 ⓓ 싫어하다, 미워하다

[설명]

□ **姓秦的** : '姓秦'은 '성을 친이라하다', 즉 동사구에 '的'가 붙어 명사화시킴. 의미는 '친씨'.

□ **办的比我们结婚的时候都热闹** : '比'를 사용한 비교구문. '…보다도 더욱 …하다.'

□ **脑袋一热就答应了** : '**一…就…**', '…하자마자 …곧 하다'. 전후의 두 가지 일이나 상황이 곧바로 이어져 발생함을 표현함. 一看**就**知道 | 一吃**就**吐 | 人一老, 腿脚**就**不灵活了

□ **试这人有多差劲** : '这人有多差劲'이 동사 '试'의 목적절. '多差劲'--'얼마나 형편없는지'

□ **你都不可爱了** : '都'는 '이미', '벌써'. '了'는 상황・상태의 변화.

□ **七年之痒** : 결혼생활 중 나타나는 현상으로서 일종의 권태기를 말함. 열렬히 사랑하여 결혼했지만 7년째 쯤 접어들면 부부가 서로에게 너무 익숙해져 열정이나 낭만이 사라져버려 첫 번째 위기에 봉착하게 됨을 이름.

□ **他就嫌我笨了** : '嫌我笨'은 겸어문(兼語文). 'V_1+겸어+형용사'구조. '我爱她朴实、浑厚'

□ **就试谁比谁讨厌** : '谁比谁讨厌'이 동사 '试'의 목적절. 직역하면, '누가 누구보다 더 역겨운지 시험해보다'의 의미.

05

剧情 일상업무로 돌아온 샤오샤오. 기내에서 승객에게 서비스하던 중 작업남으로부터 미인대회에 참가해보라는 유혹을받고 우쭐해진다.

笑笑 : **Sir, What do you like? French or Australia?**
先生，我们有法国和澳洲的红酒。您想用哪一瓶啊?

Xiàoxiao : Xiānsheng, wǒmen yǒu Fǎguó hé Àozhōu de hóngjiǔ。Nín xiǎng yòng nǎ yì píng a?

建国 : 别动! 真像我们品牌的人。你必须得参加我们这次海南分赛区的选美，'天使在艾美'，最少能进前五。梁小姐有经纪人么? 有兴趣向代言方面发展么? 这是我的名片。

Jiànguó : Bié dòng! Zhēn xiàng wǒmen pǐnpai de rén。Nǐ bìxū děi cānjiā wǒmen zhè cì Hǎinán Fēnsàiqū de xuǎnměi, 'Tiānshǐzàiàiměi', zuìshǎo néng jìn qián wǔ。Liángxiǎojiě yǒu jīngjìrén me? Yǒu xìngqù xiàng dàiyán fāngmiàn fāzhǎn me? Zhè shì wǒ de míngpiàn。

笑笑 : 人家都结婚了，都有老公了。

Xiàoxiao : Rénjia dōu jiéhūn le, dōu yǒu lǎogōng le。

建国 : 梁小姐，有车送吗?

Jiànguó : Liángxiǎojiě, yǒu chē sòng ma?

笑笑 : 恩。

Xiàoxiao : Ēn。

[단어]

□ **法国** [Fǎguó] 명 프랑스(France)

□ **澳洲** [àozhōu] 명 오세아니아(Oceania), 대양주(大洋州)

□ **红酒** [hóngjiǔ] 명 레드 와인

□ **用** [yòng] 동 마시다, 들다, 쓰다, 사용하다, 고용하다, 임용하다

□ **品牌** [pǐnpái] 명 상표, 브랜드(brand), 저명 상표, 유명 브랜드(brand)

□ **海南** [Hǎinán] 명 하이난성

□ **分** [fēn] 명 분, 지(支), 파생된 것, 갈라져 나온 것

□ **赛区** [sàiqū] 명 시합(경기) 구역

□ **选美** [xuǎnměi] 동 미녀를 선발하다, 选美大赛 [xuǎnměidàsài] 미인대회

□ **经纪人** [jīngjìrén] 명 (연예인의) 매니저, 브로커, 중개(상)인, 거간꾼, 매매 대리인

□ **代言** [dàiyán] 동 '사람+代言'→'…를 광고모델로 하다.', 대신 말하다, 말을 대신하다

□ **名片** [míngpiàn] 명 명함

□ **老公** [lǎogōng] 명 남편, 신랑

[설명]

□ **真像我们品牌的人**: 문장 전체 앞에 '你'가 생략된 형태.

□ **必须得**: '必须得+V' -- '반드시 …해야만 한다'.

□ **人家都结婚了, 都有老公了**: 앞 뒤 두 개의 '都'는 '이미', '벌써'의 의미.
앞 절의 '了'는 동작행위의 완성, 완료. 뒷 절의 '了'는 상황·상태의 변화.

□ **有车送吗?**: '有'자 겸어문. 'V_1' 자리에 특수동사 '有'가 오는 경우.

06

剧情 하이난 야룽베이로 예비신혼여행을 온 친펀과 샤오샤오, 공항에서 만나기로 했으나 서로 장난을 치다 첫 만남부터 약간의 삐걱거림이 시작된다.

笑笑 : 喂, 我到了。你在哪儿呢?

Xiàoxiao : Wéi, wǒ dào le。Nǐ zài nǎr ne?

秦奋 : 我还没出门呢, 你都到了? 要不你先自己打个车到亚龙湾? 我到那儿接你。

Qínfèn : Wǒ hái méi chūmén ne, nǐ dōu dào le? Yàobu nǐ xiān zìjǐ dǎ ge chē dào Yàlóngwān? Wǒ dào nàr jiē nǐ。

笑笑 : 好。那我自己打车吧。

Xiàoxiao : Hǎo。Nà wǒ zìjǐ dǎchē ba。

秦奋 : 那谁呢?

Qínfèn : Nà shéi ne?

笑笑的同事 : 笑笑? 刚才还在那儿呢。

Xiàoxiao de tóngshì : Xiàoxiao? Gāngcái hái zài nàr ne。

秦奋 : 哦, 好。谢谢, 谢谢。

Qínfèn : Ò, hǎo。Xièxie, xièxie。

[단어]

□ **喂** [wèi] ㉿ 여보세요(전화통화시), 야, 어이(부르는 소리)

□ **要不** [yàobù] ㉶ 그렇지 않으면, 안 그러면, …하거나, 아니면 …하거나

□ **打车** [dǎchē] ㉺ 택시를 타다

□ **亚龙湾** [yàlóngwān] 고 야롱베이. 중국 하이난성 싼야시(海南省 三亚市 田独镇 六盘路)에 위치한 관광지. 중국 최남단 열대 해안지역의 해변여행지로서 싼야시 동남쪽 28킬로미터 지점에 위치. 반월형(半月形) 해안, 길이 7.5킬로미터. 하이난성의 명승지 중 하나.

[설명]

□ **你都到了?** : '都'는 '이미', '벌써'.

□ **你先自己打个车到亚龙湾** : 'VP1+VP2'의 연동(連動)구문. '택시를 타고 야롱베이로 가다'.

服务员：您的咖啡，请慢用。

Fúwùyuán : Nín de kāfēi, qǐng màn yòng。

笑笑：谢谢。喂！

Xiàoxiao : Xièxie。Wéi!

秦奋：你怎么不接我电话呀？你干嘛呢，你？

Qínfèn : Nǐ zěnme bù jiē wǒ diànhuà ya? Nǐ gànmá ne, nǐ?

笑笑：我都到亚龙湾了。你在哪儿呢？

Xiàoxiao : Wǒ dōu dào Yàlóngwān le。Nǐ zài nǎr ne?

秦奋：什么？你真去啦？

Qínfèn : Shénme? Nǐ zhēn qù la?

笑笑：啊！

Xiàoxiao : Ā!

秦奋：我骗你呐。我就在飞机场呢。我就在大厅的出口等你呢。

Qínfèn : Wǒ piàn nǐ ne。Wǒ jiù zài fēijīchǎng ne。Wǒ jiù zài dàtīng de chūkǒu děng nǐ ne。

笑笑：那你赶紧过来吧。

Xiàoxiao : Nà nǐ gǎnjǐn guòlai ba。

秦奋：马上，啊？马上马上，我马上。你别走啊！

Qínfèn : Mǎshàng, ā? mǎshàng mǎshàng, wǒ mǎshàng。Nǐ bié zǒu a!

秦奋：你怎么骗人呢？

Qínfèn : Nǐ zěnme piàn rén ne?

[단어]

□ **咖啡** [kāfēi] ⓜ 커피(나무)(coffee)

□ **慢用** [mànyòng] ⓓ 천천히 많이 드세요

□ **骗** [piàn] ⓓ 속이다, 기만하다, 속여 빼앗다, 사취(詐取)하다

□ **呐** [ne] ⓙ '呢[ne]'와 같음

□ **大厅** [dàtīng] ⓜ 대청, 홀, 로비

□ **赶紧** [gǎnjǐn] ⓑ 서둘러, 재빨리, 황급히, 얼른, 어서

□ **马上** [mǎshàng] ⓑ 곧, 즉시, 바로, 금방

[설명]

□ **接我电话** : '接电话'(전화를 받다). '我'는 '电话'를 수식하는 관형어.

□ **干嘛?** : '뭐 하는 거야?' 일반적으로 '干吗'를 사용함.

秦奋： 看在今天是咱俩试婚头一天，我就原谅你了啊。真结婚了，两口子就得以诚相待。不能我不说实话，你也不说实话。俩瞎话篓子，那这日子怎么往下过啊？

Qínfèn : Kànzài jīntiān shì zán liǎ shìhūn tóu yì tiān, wǒ jiù yuánliàng nǐ le a。Zhēn jiéhūn le, liǎngkǒuzi jiù děi yǐchéngxiāngdài。Bù néng wǒ bù shuō shíhuà, nǐ yě bù shuō shíhuà。Liǎ xiāhuàlǒuzi, nà zhè rìzi zěnme wàng xià guò a?

笑笑： 你也觉得以诚相待重要了呀？

Xiàoxiao : Nǐ yě juéde yǐchéngxiāngdài zhòngyào le ya?

秦奋： 太重要了。一家子至少一个得说实话，否则我们就永远听不到实话了。

Qínfèn : Tài zhòngyào le。Yìjiāzi zhìshǎo yí ge děi shuō shíhuà, fǒuzé wǒmen jiù yǒngyuǎn tīngbudào shíhuà le。

笑笑： 这没说实话的责任在我，是么？

Xiàoxiao : Zhè méi shuō shíhuà de zérèn zài wǒ, shì me?

秦奋： 我那是要给你一个惊喜，你可是真骗我。一个人坐那儿喝一小时咖啡，就是不接电话，看着我干着急。

Qínfèn : Wǒ nà shì yào gěi nǐ yí ge jīngxǐ, nǐ kě shì zhēn piàn wǒ。Yí ge rén zuò nàr hē yì xiǎoshí kāfēi, jiù shì bù jiē diànhuà, kànzhe wǒ gān zháojí。

笑笑： 我呢？也有不少满嘴说瞎话的朋友，可人家说瞎话是有目的的。没见过你这样子的，什么都不为。你是不是说瞎话有快感呀？

Xiàoxiao : Wǒ ne? Yě yǒu bù shǎo mǎnzuǐ shuō xiāhuà de péngyou, kě rénjia shuō xiāhuà shì yǒu mùdì de。Méi jiànguo nǐ zhè yàngzi de, shénme dōu bú wèi。Nǐ shì bú shì shuō xiāhuà yǒu kuàigǎn ya?

[단어]

□ **试婚** [shìhūn] ㉮ 결혼을 목적으로 동거하다, 예비(시험)결혼을 하다
□ **头一天** [tóuyìtiān] ㉱ 첫날 '头[tóu] + 一天[yìtiān]'
□ **原谅** [yuánliàng] ㉮ 양해하다, 이해하다, 용서하다
□ **两口子** [liǎngkǒuzi] ㉱ 부부 두 사람, 내외 = (两口儿[liǎngkǒur])
□ **以诚相待** [yǐchéngxiāngdài] 성 진심으로 다른 사람을 대하다
□ **瞎话** [xiāhuà] ㉱ 거짓말
□ **篓子** [lǒuzi] ㉱ 대바구니, 광주리, 플라스틱 통 ('篓子'--'…쟁이', '…내기', '…꾼')
□ **一家子** [yìjiāzi] ㉱ 한 집, 한 가정, 한 집안, 온 가족, 일가족, 한 집안 식구 모두
□ **至少** [zhìshǎo] ㉯ 적어도, 최소한
□ **实话** [shíhuà] ㉱ 실화, 참말, 솔직한 말 ↔ 谎话[huǎnghuà], 谎言[huǎngyán]
□ **否则** [fǒuzé] ㉰ 만약 그렇지 않으면
□ **惊喜** [jīngxǐ] ㉮ 놀라고도 기뻐하다
□ **干急** [gānjí] 걱정하지만 속수무책이다, 안달하다, 애타다, 속만 태우다
□ **满嘴** [mǎnzuǐ] ㉱ 입 전체, 온 입 ㉲ 말하는 것 모두, 하는 말이 모두 다, 말끝마다
□ **不为** [bùwèi] ㉳ …때문에 …하지 않다, …을 위해서 …하지 않다
□ **快感** [kuàigǎn] ㉱ 쾌감

[설명]

□ **看在……的面子(情分)上** : '…의 체면 · 얼굴(정)을 봐서'
□ **真结婚了, 两口子就得以诚相待** : 조건을 나타내는 접속사는 없지만, '真结婚了'는 의미상 조건을 나타냄. '了'는 미래에 일어날 동작행위의 완성, 완료를 표시함.
□ **瞎话篓子** : 거짓말쟁이
□ **太重要了** : 강조의 '太…了'. '了'는 강조의 어기조사.
□ **听不到** : 술보구조식 중 'V+不到' 가능보어식. '…할 수 없다'. 긍정형은 'V+得到'.
동작, 행위의 가능을 표시. 见不到 | 说不到 | 等不到 | 感觉不到 | 找不到
□ **这没说实话的责任在我** : '这没说实话的责任'은 주어, 술어동사는 '在', '我'는 목적어.
□ **干着急** : 干[gān]+着急[zháojí] -- '걱정하지만 속수무책이다, 안달하다, 애타다, 속태우다'

秦奋：我原来实话也比瞎话多，后来发现实话伤人。谁都不爱听，我也不爱听。居家过日子，犯不着肝胆相照，虚着点儿和气。

Qínfèn : Wǒ yuánlái shíhuà yě bǐ xiāhuà duō, hòulái fāxiàn shíhuà shāng rén。Shéi dōu bú ài tīng, wǒ yě bú ài tīng。Jūjiā guò rìzi, fànbuzháo gāndǎnxiāngzhào, xūzhe diǎnr héqì。

笑笑：你老实告诉我，我真有你平时夸的那么好么？

Xiàoxiao : Nǐ lǎoshi gàosu wǒ, wǒ zhēn yǒu nǐ píngshí kuā de nàme hǎo me?

秦奋：人品呀，还是模样啊？

Qínfèn : Rénpǐn ya, háishì múyàng a?

笑笑：分得开么，在我身上？

Xiàoxiao : Fēndekāi me, zài wǒ shēnshang?

秦奋：我实话告诉你，你两眼长得有点儿开，有点儿像比目鱼。

Qínfèn : Wǒ shíhuà gàosu nǐ, nǐ liǎ yǎn zhǎngde yǒudiǎnr kāi, yǒudiǎnr xiàng bǐmùyú。

笑笑：你的实话就是人身攻击，是吧？

Xiàoxiao : Nǐ de shíhuà jiù shì rénshēn gōngjī, shì ba?

秦奋：我就知道说实话是这结果。

Qínfèn : Wǒ jiù zhīdào shuō shíhuà shì zhè jiéguǒ。

秦奋：谢谢啊！

Qínfèn : Xièxie a!

服务员：不客气！

Fúwùyuán : Bú kèqi!

[단어]

□ **伤人** [shāngrén] ㉯ 남을 다치게 하다, 감정(자존심·기분)을 상하게 하다
□ **居家** [jūjiā] ㉯ 집에서 거주하다, 살림을 하다
□ **犯** [fàn] ㉯ 위반하다, 어기다, 침범하다, 건드리다, 저지르다, 범하다
□ **肝胆相照** [gāndǎnxiāngzhào] 성 간담상조, 서로 속마음을 털어놓고 진심으로 사귀다
□ **和气** [héqi] ㉱ (태도가)부드럽다, 온화하다, 상냥하다, (관계가)화목하다, 사이좋다
　㉰ 화기, 화목한 감정
□ **老实** [lǎoshi] ㉱ 성실하다, 솔직하다, 정직하다, 온순하다, 얌전하다, 고분고분하다
□ **夸** [kuā] ㉯ 칭찬하다, 과대하다, 과장하다, 자랑하다, 허풍떨다
□ **人品** [rénpǐn] ㉰ 인품, 풍채
□ **模样** [múyàng] ㉰ 모양, 모습, 형상, 상황, 정황, 국면, 정세, 형세
□ **长** [zhǎng] ㉯ 자라다, 나다, 생기다, 성장하다, 증강하다, 증진하다
□ **比目鱼** [bǐmùyú] ㉰ 넙치·광어·도다리·가자미 등의 통칭 = (偏口鱼[piānkǒuyú])
□ **人身攻击** [rénshēngōngjī] ㉯ 인신 공격을 하다

[설명]

□ **发现实话伤人** : 주술(主述)구조로 이루어진 '实话伤人'이 동사 '发现'의 목적어가 됨.
□ **犯不着** : 'V+不着[buzháo]' (…하지 못하다, …할 수 없다)
'술보구조'--'犯着'의 부정 가능보어식. 긍정식은 '犯得着'--'…할 가치(필요) 있나?'
'着'는 어떤 동사 뒤에 반드시 '得', '不'를 사용하여 관용어구를 만듦. 일반적으로 의문문이나 부정문에 사용.
犯得(不)着 | 怪得(不)着 | 数得(不)着 | 顾得(不)着
□ **虚着点儿** : '虚着一点儿'(좀 허술해지다)의 준말. 忍着点儿[rěn]--(좀 참으세요), 悠着点儿[yōu]--(좀 천천히 하세요), 省着点儿[shěng]--(좀 아껴서 쓰세요)
□ **长得有点儿开, 有点儿像比目鱼** : 'V得+VP' 정도보어식. (…한 정도가 …하다).
'생긴 게 눈이 좀 벌어져서 광어와 비슷하다'.
有点儿像[yǒudiǎnrxiàng] -- (조금 비슷하다)

07

剧情 친펀이 마련해 둔 하이난의 별장에 도착한 두 사람. 노총각, 노처녀로 만나 익숙한 부부처럼 행세해보고 싶지만 두 사람 사이는 아직 서먹하기만 하다. 해질녘 서산을 바라보며 다정히 앉아 서로의 사랑을 또 확인하고 싶어한다.

秦奋 : 到了。

Qínfèn : Dào le。

笑笑 : 你怎么找了一个这么不真实的地方安家呀?

Xiàoxiao : Nǐ zěnme zhǎo le yí ge zhème bù zhēnshí de dìfang ānjiā ya?

秦奋 : 这是我准备死在这儿的地方，面朝大海，背靠青山，四季花开。最后一眼看世界，就别看一眼糟心了。

Qínfèn : Zhè shì wǒ zhǔnbèi sǐ zài zhèr de dìfang, miàn cháo dàhǎi, bèi kào qīngshān, sìjì huā kāi。Zuìhòu yì yǎn kàn shìjiè, jiù bié kàn yì yǎn zāoxīn le。

笑笑 : 这地方你买的呀? 怎么没跟我说呢?

Xiàoxiao : Zhè dìfang nǐ mǎi de ya? Zěnme méi gēn wǒ shuō ne?

秦奋 : 租的，二十年，安度晚年够用了。

Qínfèn : Zūde, èrshí nián, āndù wǎnnián gòuyòng le。

笑笑 : 晚年了，已经?

Xiàoxiao : Wǎnnián le, yǐjīng?

秦奋 : 要我说呀，七年之痒咱不试了，把中年危机也省了，直接就试相依为命。你说行么?

Qínfèn : Yào wǒ shuō ya, qīniánzhīyǎng zán bú shì le, bǎ zhōngnián wēijī yě shěng le, zhíjiē jiù shì xiāngyīwéimìng。Nǐ shuō xíng me?

笑笑 : 我看行。

Xiàoxiao : Wǒ kàn xíng。

[단어]

□ **安家** [ānjiā] ⓢ 살림을 꾸리다, 결혼하다, 가정을 이루다

□ **面朝** [miàncháo] ⓢ 얼굴을 …(으)로 향하다

□ **背靠** [bèikào] ⓢ 등지다

□ **糟心** [zāoxīn] ⓗ 속상하다, 짜증나다, 기분을 잡치다

□ **租** [zū] ⓢ 세내다, 임차하다, 세를 주다, 임대하다 ⓜ 세, 임대료

□ **安度** [āndù] ⓢ (나날을) 편안히 보내다(살다), 무사히 넘기다

□ **晚年** [wǎnnián] ⓜ 만년, 노년, 늘그막

□ **够用** [gòuyòng] ⓗ 충분하다, 넉넉하다, 쓸 만하다, 쓸모 있다

□ **危机** [wēijī] ⓜ 위기, 위험한 고비, 잠복된 위험이나 재난

□ **相依为命** [xiāngyīwéimìng] 성 서로 굳게 의지하며 살아가다.

[설명]

□ 安度晚年 : '노년을 편안하게 보내다'.

□ 死在这儿 : '在'는 행위나 동작이 이루어지는 시간·장소·범위·상황을 나타내는 전치사인데, 여기서는 '死'라는 동작 행위의 도착점을 표시한다. '여기에서 죽다', '여기 와서 죽다'의 의미.

□ 要我说呀 : '내가 말하자면', '내가 말해보자면', '내 생각에는', '내가 보기에는'.

秦奋：我给你放上水，麻利地洗个澡吧。

Qínfèn : Wǒ gěi nǐ fàngshang shuǐ, málide xǐ ge zǎo ba。

笑笑：我冲凉，环保。

Xiàoxiao : Wǒ chōngliáng, huánbǎo。

笑笑：哎，你在这儿，我怎么换衣服啊？

Xiàoxiao : Āi, nǐ zài zhèr, wǒ zěnme huàn yīfu a?

秦奋：老夫老妻了，怎么还害臊啊？这么多年都不背着我，这会儿讲究起来了？俩人洗更环保。

Qínfèn : Lǎofūlǎoqī le, zěnme hái hàisào a? Zhème duō nián dōu bú bèizhe wǒ, zhè huìr jiǎngjiūqilái le? Liǎ rén xǐ gèng huánbǎo。

笑笑：这么多年了，我也受够了。现在我要求有一点儿自己的隐私。

Xiàoxiao : Zhème duō nián le, wǒ yě shòugòu le。Xiànzài wǒ yāoqiú yǒu yìdiǎnr zìjǐ de yǐnsī。

秦奋：要不咱别试了，真结了得了。你这样的，打着灯笼还真难找。回头夜长梦多，再让谁给截了胡。

Qínfèn : Yàobù zán bié shì le, zhēn jié le dé le。Nǐ zhèyàngde, dǎzhe dēnglong hái zhēn nán zhǎo。Huítóu yèchángmèngduō, zài ràng shéi gěi jié le hú。

笑笑：真要结了婚，你会想要孩子吗？

Xiàoxiao : Zhēn yào jié le hūn, nǐ huì xiǎng yào háizi ma?

秦奋：长得像你就要，像我就算了。

Qínfèn : Zhǎngde xiàng nǐ jiù yào, xiàng wǒ jiù suàn le。

笑笑：那有了孩子，你还会像现在这样对我好吗？

Xiàoxiao : Nà yǒu le háizi, nǐ hái huì xiàng xiànzài zhèyàng duì wǒ hǎo ma?

[단어]

□ **麻利地** [málide] ㊇ 신속하게, 빨리, 잽싸게, 서둘러

□ **冲凉** [chōngliáng] ㊍ 샤워하다(방언)

□ **环保** [huánbǎo] ㊔ (환경 보호)의 약칭

□ **老夫老妻** [lǎofūlǎoqī] 성 노부부

□ **老夫** [lǎofū] ㊔ 늙은이 (연로한 남성이 스스로를 낮추어 일컫는 말)

□ **害臊** [hàisào] ㊍ 부끄러워하다, 쑥스러워하다, 창피스러워하다, 수줍어하다

□ **背** [bèi] ㊍ 외면하다, 등지다, 피하다, 숨다, 속이다

□ **讲究** [jiǎngjiu] ㊍ 중요시하다, 소중히 여기다, …에 정성들이다, …에 신경쓰다, …에 주의하다
㊖ 정교하다, 화려하다, 우아하다, 훌륭하다, 세련되다, 꼼꼼하다
㊔ (～儿) 유의(연구)할만한 법칙(방법)

□ **受够** [shòugòu] 참을 만큼 참았다

□ **隐私** [yǐnsī] ㊔ 사적인 비밀, 개인의 사생활, 프라이버시

□ **灯笼** [dēnglong] ㊔ 등롱, 초롱, 제등(提燈)

□ **夜长梦多** [yèchángmèngduō] 성 밤이 길면 꿈이 많다, 일을 오래 끌면 문제가 생기게 마련이다

□ **截胡** [jiéhú] : '胡'를 끊다, 빼앗다, 빼앗아내다

[설명]

□ 放上水 : '물을 틀어주다'. 'V+上+O'구조.
'V+上'에서 '上'은 동작의 시작과 지속의 의미를 나타냄. 爱上她 | 传染上流感

□ 麻利地 : '麻利' ㊖날래다, 민첩하다, 잽싸다 ㊇신속하게, 빨리, 잽싸게, 서둘러

□ 截胡 : 본래 중국인들이 마작을 할 때 여러 사람이 동시에 '胡'를 외치려고 하는 상황이 되면, 역시계 방향으로 가장 가까운 사람에게 '胡'를 부를 권리가 있으며 다른 사람들은 그렇게 할 수가 없게 된다. 현재는 의미가 변하여 다른 사람의 돈줄을 끊거나 타인의 성공을 강탈하여 승리의 결과를 빼앗아가는 행위를 비유할 때 쓰는 말이 되었다.

秦奋：我说实话，你可别急。没有孩子，我也不可能永远像现在这样对你好。谁敢给永远打保票啊？

Qínfèn : Wǒ shuō shíhuà, nǐ kě bié jí。Méi yǒu háizi, wǒ yě bù kěnéng yǒngyuǎn xiàng xiànzài zhèyàng duì nǐ hǎo。Shéi gǎn gěi yǒngyuǎn dǎ bǎopiào a?

笑笑：说能，你会死啊？

Xiàoxiao : Shuō néng, nǐ huì sǐ a?

秦奋：你看，你看，你看，你让我说实话。我一说实话，你就急。那我骗你吧，能。

Qínfèn : Nǐ kàn, nǐ kàn, nǐ kàn, nǐ ràng wǒ shuō shíhuà。Wǒ yì shuō shíhu à, nǐ jiù jí。Nà wǒ jiù piàn nǐ ba, néng。

笑笑：我就不会变。我要对一个人好，我就永远都对他好。

Xiàoxiao : Wǒ jiù bú huì biàn。Wǒ yào duì yí ge rén hǎo, wǒ jiù yǒngyuǎn dōu duì tā hǎo。

秦奋：您说那"好"，是我说那"好"么？

Qínfèn : Nín shuō nà "hǎo", shì wǒ shuō nà "hǎo" me?

[단어]

□ **打保票** [dǎ bǎopiào] 보증서를 써서 보증하다

□ **保票** [bǎopiào] ⓜ (절대적인) 보증, 자신

[설명]

□ **你可别急**: '可'는 강조의 의미를 나타내는 부사.

□ **谁敢给永远打保票啊?**: '敢'은 '감히 …하다', '자신있게 …하다' 의미의 조동사.
'给'는 '…에게, …을(를) 향하여'. 전치사로 동작의 대상을 이끌어 들임. '给' 뒤에는 동작대상 '你'가 생략된 형태.

□ **说能, 你会死啊?**: '할 수 있다고 말하면, 죽기라도 하나요?'
'说能'은 조건을 표현하는 종속절. '能'은 '说'의 목적어.

08

剧情 친펀은 샤오샤오를 업고 무리를 해가면서 계단을 오르락 내리락 집으로 향한다. 은근히 어리광을 부리고 아픈 척하면서 이래라 저래라 요구하며 샤오샤오의 마음을 떠본다.

笑笑：亲爱的，下楼梯我自己来呗。

Xiàoxiao : Qīn'àide, xià lóutī wǒ zìjǐ lái bei。

秦奋：那不行，一步都不让你走。

Qínfèn : Nà bù xíng, yí bù dōu bú ràng nǐ zǒu。

笑笑：你行不行啊？不行，我自己下来走得了。

Xiàoxiao : Nǐ xíng bù xíng a? Bù xíng, wǒ zìjǐ xiàlái zǒu dé le。

秦奋：那哪儿行啊？必须的，马上就到了。

Qínfèn : Nà nǎr xíng a? Bìxū de, mǎshàng jiù dào le。

笑笑：你放手，你放手，你放手！看你出的这身汗，不行就别逞能，好像我多沉似的。

Xiàoxiao : Nǐ fàngshǒu, nǐ fàngshǒu, nǐ fàngshǒu! Kàn nǐ chū de zhè shēn hàn, bù xíng jiù bié chěngnéng, hǎoxiàng wǒ duō chén shìde。

秦奋：你是没赶上我好的时候，这二年，是有点儿虚。以前不这样，不这样。

Qínfèn : Nǐ shì méi gǎnshang wǒ hǎo de shíhou, zhè èr nián, shì yǒudiǎnr xū。Yǐqián bú zhèyàng, bú zhèyàng。

笑笑：你磨蹭什么呢？

Xiàoxiao : Nǐ móceng shénme ne?

秦奋：马上，马上。

Qínfèn : Mǎshàng, mǎshàng。

笑笑：来，我帮你，我帮你。怎么啦？

Xiàoxiao : Lái, wǒ bāng nǐ, wǒ bāng nǐ, zěnme la?

[단어] ————————

□ **亲爱的** [qīn'àide] 달링…, 자기야…

□ **呗** [bei] ㉢ [방언] …할 따름이다, …뿐이다, 그만이다

□ **楼梯** [lóutī] ㉢ (다층 건물의) 계단, 층계

□ **出汗** [chūhàn] ㉢ 땀이 나다

□ **逞能** [chěngnéng] ㉢ (재주·능력을) 뽐내다, 잘난 척하다, 교만 떨다, 거들먹거리다

□ **似的** [shìde] ㉢ …와 같다. …와 비슷하다

□ **磨蹭** [móceng] ㉢ 천천히 이동하다, 꾸물거리다, 느릿느릿하다, 늑장부리다, 졸라대다, 귀찮게 굴다, 물고 늘어지다, 떼를 쓰다, 성가시게 굴다

[설명] ————————

□ **一步都不让你走**: '한 발자국도 못 가게 하겠다'. '都'는 '심지어', '…조차도', '…까지도'.
今天一点儿都不冷 (오늘은 조금도 춥지 않다)
一动都不动 (조금도 움직이지 않는다)
他都能做到, 你一定也可以 (그조차도 할 수 있으니, 당신도 반드시 할 수 있을 것이다)

□ **走得了** [zǒudeliǎo]: '我自己下来走' + '得了': '나 혼자 내려서 걸으면' + '돼요'.

秦奋：腰，这腰动不了了。

Qínfèn : Yāo, zhè yāo dòngbuliǎo le。

笑笑：哪里？

Xiàoxiao : Nǎli?

秦奋：哎呦，疼疼，疼，疼疼。

Qínfèn : Āiyōu, téng téng, téng, téng téng。

笑笑：我帮你揉揉。

Xiàoxiao : Wǒ bāng nǐ róurou。

秦奋：哎呦，不能揉，疼，疼。

Qínfèn : Āiyōu, bù néng róu, téng, téng。

秦奋：上午蝶泳来着，蝶大发了。

Qínfèn : Shàngwǔ diéyǒng láizhe, dié dàfā le。

笑笑：就你这身子骨还蝶泳啊？你以为自己是菲尔普斯啊？

Xiàoxiao : Jiù nǐ zhè shēnzigǔ hái diéyǒng a? Nǐ yǐwéi zìjǐ shì Fēiěrpǔsī a?

秦奋：别用指尖揉啊，用手掌揉，你把我这衣服撩开。哎呦，哎呦，舒服。你帮我把那CD打开。CD，第四首。你拉开床头柜那抽屉，看见那油了吗？

Qínfèn : Bié yòng zhǐjiān róu a, yòng shǒuzhǎng róu, nǐ bǎ wǒ zhè yīfu liāokāi。Āiyōu, āiyōu, shūfu。Nǐ bāng wǒ bǎ CD dǎkāi。CD, dì sì shǒu。Nǐ lākāi chuángtóuguì nà chōuti, kànjiàn nà yóu le ma?

笑笑：看见了。

Xiàoxiao : Kànjiàn le。

秦奋：先把手搓热了。感觉热了吗？

Qínfèn : Xiān bǎ shǒu cuōrè le。Gǎnjué rè le ma?

笑笑：热啦。

Xiàoxiao : Rè la。

[단어]

□ **揉** [róu] ⓓ (손으로) 비비다, 주무르다, 문지르다, (손으로 둥글게) 빚다, 반죽하다, (물건을) 구부리다, 휘다

□ **蝶泳** [diéyǒng] ⓜ 접영, 버터플라이 수영법, 돌핀 킥

□ **大发** [dàfa] ⓓ 한도를 초과하다, 과도하다, 크게 지나치다. (주로 뒤에 '了'가 쓰임)

□ **菲尔普斯** [fēi'ěrpǔsī] 고 펠프스 (서양 유명 수영선수 이름)

□ **指尖** [zhǐjiān] ⓜ 손가락 끝

□ **手掌** [shǒuzhǎng] ⓜ 손바닥, 통제, 통치, 관할, 세력 범위

□ **撩开** [liāokāi] ⓓ 걷어 올리다, 떠들다

□ **床头柜** [chuángtóuguì] ⓜ 침대 머릿장 ('柜'와 '跪'의 발음이 유사하므로) 공처가

□ **抽屉** [chōuti] ⓜ 서랍

□ **搓** [cuō] ⓓ (두 손으로 반복하여) 비비다, 비벼 꼬다, 문지르다, 주무르다

[설명]

□ **动不了** : 'V不了'에서 '不了'는 동사 뒤에 붙어 동작이 완료, 완결될 수 없음을 나타냄.
'…할 수 없다' 走不了 | 受不了 | 拿不了 | 忘不了 | 干不了

□ **上午蝶泳来着** : '오전에 접영을 하고있었다'. '…来着'는 '…을 하고있었다', '…이었다'의 의미로 문말에 쓰여 이미 일어난 일을 회상하는 어기를 나타내는 어기사이다.
你刚才做什么来着? (너 방금 뭐 하고있었니?)

□ **蝶大发了** : '접영을 너무 심하게 했다'. '了'는 강조의 어기조사.

□ **撩开** : 'V+开'에서 '开'는 붙어있는 것이나 닫혀있던 것이 떨어짐을 표현하는 補語. 의미는 '열리다', '떨어지다'.
打开(열다, 펼치다) | 撕开(찢어버리다) | 想开(머리에 떠오르다)

□ **搓热** : '搓(술어)'+'热(보어)' 형식의 술보구조(述補구조) 결과보어식.
'热(덥다)'는 '搓(문지르다)'라는 동작이 발생한 이후의 결과를 표시함. 즉, 손을 문지른 이후 뜨거워졌음을 표현함.

秦奋 : 把油倒手心里，多倒点儿，多倒，你上来。

Qínfèn : Bǎ yóu dào shǒuxīnli, duō dào diǎnr, duō dào, nǐ shànglai。

笑笑 : 啊。

Xiàoxiao : Ā。

秦奋 : 上来，你骑我身上，这样你能使上劲，你顺着我这腰肌往上捋。

Qínfèn : Shànglai, nǐ qí wǒ shēnshang, zhèyàng nǐ néng shǐshang jìn, nǐ shùnzhe wǒ zhè yāojī wǎng shàng lǚ。

笑笑 : 哪儿是腰肌啊?

Xiàoxiao : Nǎr shì yāojī a?

秦奋 : 这就是，这就是，这就是。往上捋，往下捋，再往上捋。

Qínfèn : Zhè jiù shì, zhè jiù shì, zhè jiù shì。Wǎng shàng lǚ, wǎng xià lǚ, zài wǎng shàng lǚ。

笑笑 : 你当这是massage了吧?

Xiàoxiao : Nǐ dāng zhè shì massage le ba?

秦奋 : 真是享受。

Qínfèn : Zhēn shì xiángshòu。

笑笑 : 你把自己当末代皇帝了吧? 行不行啊?

Xiàoxiao : Nǐ bǎ zìjǐ dāng mòdài huángdì le ba? Xíng bu xíng a?

[단어]

□ **使上劲** [shǐshangjìn] (관용구) 맥을 쓰다, 힘을 쓰다

□ **顺着** [shùnzhe] 동 …에 따르다, …을 타다, 정세에 따라 움직이다

□ **腰肌** [yāojī] 명 허리 근육, 요근

□ **捋** [lǚ] 동 (손으로)쓰다듬다, 다듬다, 어루만지다, 훑다, 정리하다, 가지런히 하다

□ **当** [dāng] 동 …이라고 간주하다, …으로 여기다, …로 삼다

□ **享受** [xiǎngshòu] 동 누리다, 향유하다, 즐기다

□ **末代皇帝** [mòdàihuángdì] 마지막 황제

[설명]

□ **使上劲**: 본래 '使劲'은 동사로서 '힘을 쓰다', '힘껏 도와주다'의 의미.
使劲儿[shǐjìnr](힘 내! 힘껏! 힘 써!)　使劲推[shǐjìntuī](애써 들이밀다)
'使劲'은 술목(述目)구조의 단어이므로, 보어 '上'이 중간에 들어가 '목적의 실현이나 가능'을 표현한다. 考上大学(대학에 합격하다)　交上朋友(친구를 사귀게 되다)

□ **顺着我这腰肌往上捋**: '顺着我这腰肌'구문과 '往上捋'구문의 결합. 연동(連動)구조.

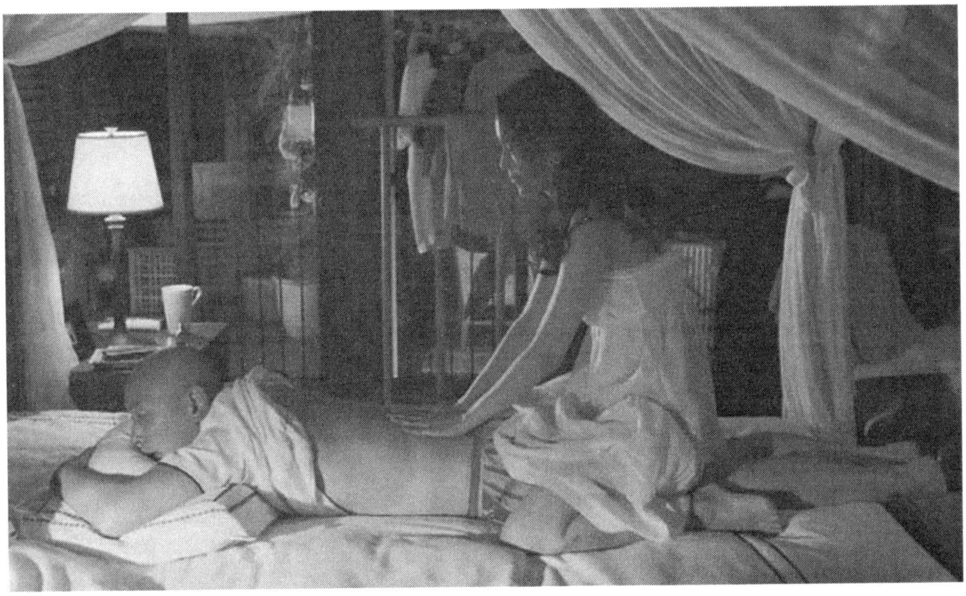

09

剧情 두 사람은 한 침대에 누웠지만 샤오샤오는 잠에서 깬 친펀을 거부한다. 친펀의 사소한 장난이 또 화를 부르고, 샤오샤오는 젊고 아리따운 자신을 놔둔 채 그냥 잠이 들어버린 친펀이 얄밉기만 하다. 친펀은 달래보려 하지만 토라진 샤오샤오는 끝내 동침을 거부하고 마는데......

笑笑：你醒啦!

Xiàoxiao : Nǐ xǐng la!

秦奋：对不起，我睡着了。我太失礼了。

Qínfèn : Duìbuqǐ, wǒ shuìzháo le。Wǒ tài shīlǐ le。

笑笑：没事儿，你接着睡，咱没必要非走那过场。

Xiàoxiao : Méishìr, nǐ jiēzhe shuì, zán méi bìyào fēi zǒu nà guòchǎng。

秦奋：你转过来。

我真不是故意的，我一松手你就掉下去了。要睡也是我睡沙发，你睡床上啊。

Qínfèn : Nǐ zhuànguolai。

Wǒ zhēn bú shì gùyì de, wǒ yì sōngshǒu nǐ jiù diàoxiaqu le。Yào shuì yě shì wǒ shuì shāfā, nǐ shuì chuángshang a。

笑笑：是你睡沙发呀。

Xiàoxiao : Shì nǐ shuì shāfā ya。

秦奋：小两口头一宿就分居，传出去让人笑话。

Qínfèn : Xiǎoliǎngkǒu tóu yì xiǔ jiù fēnjū, chuánchuqu ràng rén xiàohuà。

笑笑：你的蜜月已经结束了，大哥。咱们现在是老两口了，你对我已经冷淡了。

Xiàoxiao : Nǐ de mìyuè yǐjīng jiéshù le, dàgē。Zánmen xiànzài shì lǎoliǎngkǒu le, nǐ duì wǒ yǐjīng lěngdàn le。

[단어]

- □ **醒** [xǐng] ⓢ 잠에서 깨다, (취기·마취·혼미 상태에서) 깨다, 깨어나다, (잠을 자기 전) 깨어 있다, 잠들지 않고 있다
- □ **失礼** [shīlǐ] ⓢ 실례하다, 예의에 어긋나다, (인사말로) 실례하였습니다, 예의를 갖추지 못하여 죄송합니다
- □ **接着** [jiēzhe] ⓟ 이어서, 연이어, 잇따라, 계속하여, 연속하여, 뒤따라, 뒤이어
- □ **过场** [guòchǎng] ⓢ 등장 인물이 나타나 무대를 가로질러 지나가다
- □ **转** [zhuàn] ⓢ 돌다, 회전하다, 한가하게 돌아다니다 양 바퀴
- □ **故意** [gùyì] ⓜ 고의 ⓟ 고의로, 일부러
- □ **松手** [sōngshǒu] ⓢ 손을 놓다, 손을 떼다, (시간을)늦추다, 미적거리다
- □ **掉** [diào] ⓢ 떨어지다, 떨어뜨리다, 빠뜨리다, 잃어버리다, 되돌리다, 방향을 바꾸다
- □ **沙发** [shāfā] ⓜ 소파
- □ **宿** [xiǔ] 양 밤, 박 (밤을 세는 단위)
- □ **分居** [fēnjū] ⓢ 별거하다, (가족이) 따로 (떨어져) 살다, 분가해 살다
- □ **笑话** [xiàohua] ⓢ 비웃다, 조소하다 ⓜ 우스운 이야기, 우스갯소리, 농담, 웃음거리
- □ **老两口** [lǎoliǎngkǒu] ⓜ 노부부
- □ **冷淡** [lěngdàn] ⓗ 쌀쌀하다, 냉담하다, 냉정하다, 부진하다, 한산하다, 썰렁하다 ⓢ 냉대하다, 푸대접하다, 쌀쌀하게 대하다

[설명]

- □ **睡着了** : 'V+着'구조에서 '着(zháo)'는 결과보어로서 목적에 도달하거나 목적이 달성되었음을 표현함. 또는 동작의 완성, 완료를 나타냄. 找**着**了(찾았다) | 猜**着**了(맞혔다)
- □ **我太失礼了** : 강조구문 '太…了'. '了'는 강조를 표시하는 어기조사.
- □ **非走那过场** : '건성으로 해치우지 않다'.
  走过场 (대강대강 해치우다, 배우가 무대에 등장했다가 금방 사라지다)
- □ **我一松手你就掉下去了** : '一……就……'용법. '…하기만 하면 곧 …하다'.
- □ **转过来; 掉下去; 传出去** : 'V+복합방향보어'형식. 동사가 나타내는 동작의 방향을 표시함.
- □ **咱们现在是老两口了** : '了'는 상황, 상태의 변화를 나타내는 어기조사.

秦奋：我不冷淡，我热得跟一盆火似的。

Qínfèn : Wǒ bù lěngdàn, wǒ rède gēn yì pén huǒ shìde。

笑笑：不不不！你这盆火已经烧成灰了。我也已经冷淡了，谁也不想碰谁了，审美疲劳了，明白吗，秦奋？

Xiàoxiao : Bùbùbù! Nǐ zhè pén huǒ yǐjīng shāochéng huī le。Wǒ yě yǐjīng lěngdàn le, shéi yě bù xiǎng pèng shéi le, shěnměi píláo le, míngbai ma, Qínfèn?

秦奋：那这日子还怎么往下过呀？

Qínfèn : Nà zhè rìzi hái zěnme wǎng xià guò ya?

笑笑：所以才要试呀！这情况很普遍的。据说百分之九十的夫妻，结了婚十五年，二十年以后，就谁也不碰谁了。可人家日子还是照样过嘛，咱们试婚试的是什么啊？

Xiàoxiao : Suǒyǐ cái yào shì ya! Zhè qíngkuàng hěn pǔbiàn de。Jùshuō bǎifēnzhī jiǔshí de fūqī, jíe le hūn shíwǔ nián, èrshí nián yǐhòu, jiù shéi yě bú pèng shéi le。Kě rénjia rìzi háishì zhàoyàng guò ma, zánmen shìhūn shì de shì shénme a?

[단어]

□ **盆** [pén] 양 대야, 화분, 분(盆), 버치, 양푼, 소래기

□ **烧** [shāo] ⓢ 태우다, 불사르다, 끓이다, 열이 나다, 달아오르다, 화끈거리다

□ **灰** [huī] ⓜ 재, 가루, 먼지 ⓗ 회색의, 잿빛의

□ **碰** [pèng] ⓢ 부딪치다, 충돌하다, (우연히) 만나다, 마주치다, 부딪치다

□ **审美** [shěnměi] ⓜ 심미 ⓗ 심미적 ⓢ 아름다움을 감상하고 평가하다

□ **疲劳** [píláo] ⓗ 피곤하다, 피로하다, 지치다

□ **普遍** [pǔbiàn] ⓗ 보편적인, 일반적인, 전면적인, 널리 퍼져있는

□ **照样** [zhàoyàng] ⓑ 여전히, 변함없이 ⓢ 어떤 모양대로 하다, 그대로 하다

□ **据说** [jùshuō] ⓢ 말하는 바에 의하면 …라 한다, 전해지는 말에 의하면 …라 한다

[설명]

□ **跟…似的** : '…와 비슷하다', '…와 같다'. 好像…似的

□ **已经烧成灰了** : '**烧成**'은 결과보어식. '타버려서 …이 되다'.

□ **可人家日子还是照样过嘛** : '可'는 '그러나' 의미의 접속사로서 이어진 단문에서 사건의 전환을 나타냄.

秦奋：嗯。

Qínfèn : Ēn。

笑笑：咱们试婚试的不是什么如胶似漆，咱们试的是没有了激情，还能不能不离不弃，白头到老，你行吗？我先表个态，我行。

Xiàoxiao : Zánmen shìhūn shìde bú shì shénme rújiāosìqī, zánmen shìde shì měi yǒu le jīqíng, hái néng bù néng bùlí búqì, báitóudàolǎo, nǐ xíng ma? Wǒ xiān biǎo ge tài, wǒ xíng。

秦奋：我也表个态，我就是那例外的。你八十了，我对你也有激情。

Qínfèn : Wǒ yě biǎo ge tài, wǒ jiù shì nà lìwài de。Nǐ bāshí le, wǒ duì nǐ yě yǒu jīqíng。

笑笑：又睁眼说瞎话了，我八十，你都一百啦，筷子你都拿不住。我站在你面前，你都不认得我是谁了，还以为我是你妈呢。

Xiàoxiao : Yòu zhēngyǎn shuō xiāhuà le, wǒ bāshí, nǐ dōu yìbǎi la, kuàizi nǐ dōu nábuzhù。Wǒ zhàn zài nǐ miànqián, nǐ dōu bú rènde wǒ shì shéi le, hái yǐwéi wǒ shì nǐ mā ne。

秦奋：早知道这么冷淡，还不如娶那一年一次的呢，好歹一年还有一次。可你倒好，一天好日子没捞着过。

Qínfèn : Zǎo zhīdào zhème lěngdàn, hái bù rú qǔ nà yì nián yí cì de ne, hǎodǎi yì nián hái yǒu yí cì。Kě nǐ dào hǎo, yì tiān hǎo rìzi méi lāozháo guò。

笑笑：后悔了吧？一切都还来得及。看来这试婚还真是有必要的，好好想想吧。扛不住就早说。晚安了，Darling。

Xiàoxiao : Hòuhuǐ le ba? Yíqiè dōu hái láidejí。Kànlái zhè shìhūn hái zhēn shì yǒu bìyào de, hǎohāor xiǎngxiǎng ba。Kángbuzhù jiù zǎo shuō。Wǎn'ān le, Darling。

[단어]

- □ **激情** [jīqíng] ⑲ 격정, 열정적인 감정
- □ **表态** [biǎotài] ⑤ 태도를 표명하다, 입장을 밝히다 ⑲ (표명한) 태도, 입장
- □ **例外** [lìwài] ⑲ 예외, 예외적인 상황, 예외로 하다, 예외(가 되)다
- □ **睁眼** [zhēngyǎn] ⑤ 눈을 뜨다
- □ **好歹** [hǎodǎi] ⑮ 어쨌든, 아무튼, 하여튼, 좋든 나쁘든 ⑱ 옳고 그르다. 좋고 나쁘다
- □ **倒** [dào] ⑮ 오히려, 도리어 (일반적인 상황과 상반됨을 표현)
- □ **后悔** [hòuhuǐ] ⑤ 후회하다, 뉘우치다
- □ **来得及** [láidejí] ⑤ 늦지 않다, (시간이 있어서) 손쓸 수가 있다, 제 시간에 대다
- □ **扛** [káng] ⑤ (어깨에) 메다, 참다
- □ **晚安** [wǎn'ān] ⑱ (밤에 하는 인사말) 잘 자, 안녕히 주무세요

[설명]

□ **如胶似漆**:'아교풀 같이 딱 붙어서 떨어지지 않다, (남녀 간의) 정이 깊어서 갈라놓을 수 없다'.

□ **不离不弃**:'헤어지거나 포기하지 않는다'.

□ **白头到老**:'백년해로(하다)'.

□ **拿不住**:'잡을 수 없다, 쥘 수 없다'.

V不住:'…하지 못하다'. 接不住 | 记不住 | 靠不住

긍정형 'V住'에서 '住'는 동사 뒤에 결합되어 동작 완성의 안정과 확실성을 표현하는 결과보어로 사용된다. 记住 | 站住 | 捉住 | 抓住

□ **捞着过**:'捞过'는 연속된 두 동작을 표현하는 연동구조.

'着'는 앞동사 동작의 진행을 표시하는 동태조사.

□ **扛不住**:'멜 수 없다, 버틸 수 없다, 참을 수 없다'.

10

剧情 친펀은 휠체어를 주문해놓고서 앉은뱅이가 된 척하며 샤오샤오의 마음을 떠보려 한다.

服务员 : 您好, 打扰了。您先生在淘宝网上订的轮椅到了。

Fúwùyuán : Nínhǎo, dǎrǎo le。Nín xiānsheng zài táobǎowǎng shàng dìng de lúnyǐ dào le。

笑笑 : 我们没订轮椅啊?

Xiàoxiao : Wǒmen méi dìng lúnyǐ a?

服务员 : 是秦先生订的, 我能听出他声。

Fúwùyuán : Shì Qínxiānsheng dìng de, wǒ néng tīngchū tā shēng。

笑笑 : 怎么啦? 你要轮椅干嘛?

Xiàoxiao : Zěnme la? Nǐ yào lúnyǐ gànmá?

秦奋 : 我瘫了。

Qínfèn : Wǒ tān le。

笑笑 : 你说什么?

Xiàoxiao : Nǐ shuō shénme?

秦奋 : 我瘫了。

Qínfèn : Wǒ tān le。

笑笑 : 你瘫了?

Xiàoxiao : Nǐ tān le?

秦奋 : 站不起来了。

Qínfèn : Zhànbuqǐlái le。

笑笑 : 别胡扯, 你起来。

Xiàoxiao : Bié húchě, nǐ qǐlái。

[단어]

□ **打扰** [dǎrǎo] ⓢ 방해하다, 지장을 주다, 폐를 끼치다

□ **淘宝网** [táobǎowǎng] 고 중국의 유명한 온라인 쇼핑몰 http://www.taobao.com

□ **订** [dìng] ⓢ 주문하다, 예약하다, (계약·조약·계획·규칙 등을) 확정하다, 맺다, 체결하다, (문자 상의 오류를) 고치다, 정정하다, 수정하다, 교정하다

□ **轮椅** [lúnyǐ] ⓜ 휠체어

□ **瘫** [tān] ⓢ 반신불수가 되다, 중풍들다, 마비되다, 움직이지 못 하다, 꼼짝 못 하다

□ **胡扯** [húchě] ⓢ 제멋대로 말하다, 되는대로 지껄이다, 허튼소리 하다, 터무니없는 소리 하다, 잡담을 나누다, 한담하다

[설명]

□ **您先生在淘宝网上订的轮椅到了** : '您先生在淘宝网上订的轮椅(당신의 남편이 타오바오 쇼핑몰에서 주문하신 휠체어)'가 문장 전체의 주어.

□ **能听出** : 'V+出'에서 '出'는 동사의 뒤에 쓰여 '동작이 안에서 밖으로 나오다', '나타나다', '완성되다'의 뜻을 나타냄. 'V+出' 사이에 '得'가 들어가면 가능보어식이 된다.

拿出 (꺼내다) / 看出 (보아서 알아내다)

听得出 (들어서 알아낼 수 있다) / 看得出 (보아서 알아낼 수 있다)

□ **站不起来** : '起来'는 동사 뒤에 붙어, 동작이 위로 향함을 나타냄.

秦奋：不是没有这个可能性啊？咱试婚试什么啊？都硬硬朗朗的，拔腿就能跑，那不用试。咱就试其中有一个瘫了，另一个能不能不离不弃，伺候他吃，伺候他喝，给他洗澡，推他遛弯儿。现在那个瘫了的就是我。哎，我表个态啊，要是换你瘫了，我会伺候你一辈子，你行么？

Qínfèn : Bú shì méi yǒu zhè ge kěnéngxìng a? Zán shìhūn shì shénme a? Dōu yìngyìnglǎnglǎng de, bá tuǐ jiù néng pǎo, nà bú yòng shì。Zán jiù shì qízhōng yǒu yí ge tān le, lìng yí ge néng bù néng bùlí búqì, cìhou tā chī, cìhou tā hē, gěi tā xǐzǎo, tuī tā liùwānr。Xiànzài nà ge tān le de jiù shì wǒ。Āi, wǒ biǎo ge tài a, yàoshi huàn nǐ tān le, wǒ huì cìhou nǐ yíbèizi, nǐ xíng me?

笑笑：行，有本事你一辈子都别给我起来。就放这边吧。

Xiàoxiao : Xíng, yǒu běnshì nǐ yíbèizi dōu bié gěi wǒ qǐlái。Jiù fàng zhè biān ba。

服务员：打扰了。

Fúwùyuán : Dǎrǎo le。

笑笑：谢谢。

Xiàoxiao : Xièxie。

秦奋：我要上厕所。

Qínfèn : Wǒ yào shàng cèsuǒ。

笑笑：忍着。

Xiàoxiao : Rěnzhe。

秦奋：忍不住啦。

Qínfèn : Rěnbuzhù la。

笑笑：忍不住就尿裤子里，尿完了我给你洗。

Xiàoxiao : Rěnbuzhù jiù niào kùzili, niàowán le wǒ gěi nǐ xǐ。

[단어]

□ **硬硬朗朗** [yìngyìnglǎnglǎng] ⓗ (몸이) 정정하다, 건강하다, 건장하다

□ **拔腿** [bátuǐ] ⓢ 걸음을 급히 내딛다, 재빨리 걷다, 발을 빼다, 손을 떼다, 관계를 끊다, 벗어나다, 피하다

□ **弃** [qì] ⓢ 저버리다, 포기하다, 위반하다, 내버리다, 방치하다

□ **伺候** [cìhou] ⓢ 시중들다, 모시다, 돌보다, 보살피다

□ **遛弯儿** [liùwānr] ⓢ 산책하다, 산보하다, 천천히 거닐다

□ **一辈子** [yíbèizi] ⓜ 한평생, 일생 ⓑ 이제껏, 지금껏

□ **本事** [běnshì] ⓜ 능력, 재능, 기량, 수완, 재주

□ **厕所** [cèsuǒ] ⓜ 화장실, 변소, 뒷간

□ **忍** [rěn] ⓢ 참다, 견디다, 잔인하다, 모질다

[설명]

□ **伺候他吃, 伺候他喝** : 주술구조로 이루어진 '他吃', '他喝'는 모두 동사 '伺候'의 목적어.

□ **推他遛弯儿** : '推他'와 '遛弯儿' 두 동사구가 나란히 연결된 연동구조.

□ **忍不住** : V不住 (…하지 못하다, …할 수 없다)

11

剧情 샤오샤오와 망궈는 해군함대 출항식에서 망궈의 새 애인을 관찰하며 대화를 나눈다.

笑笑 : 他还挺帅的。

Xiàoxiao : Tā hái tǐng shuài de。

芒果 : 他的胸肌能夹起一支笔呢。

Mángguǒ : Tāde xiōngjī néng jiāqǐ yì zhī bǐ ne。

军人 : 首长同志, 我舰准备好, 请示按计划起航。

Jūnrén : Shǒuzhǎng tóngzhì, wǒ jiàn zhǔnbèihǎo, qǐngshì àn jìhuà qǐháng。

首长 : 按计划起航。

Shǒuzhǎng : Àn jìhuà qǐháng。

军人 : 是。

Jūnrén : Shì。

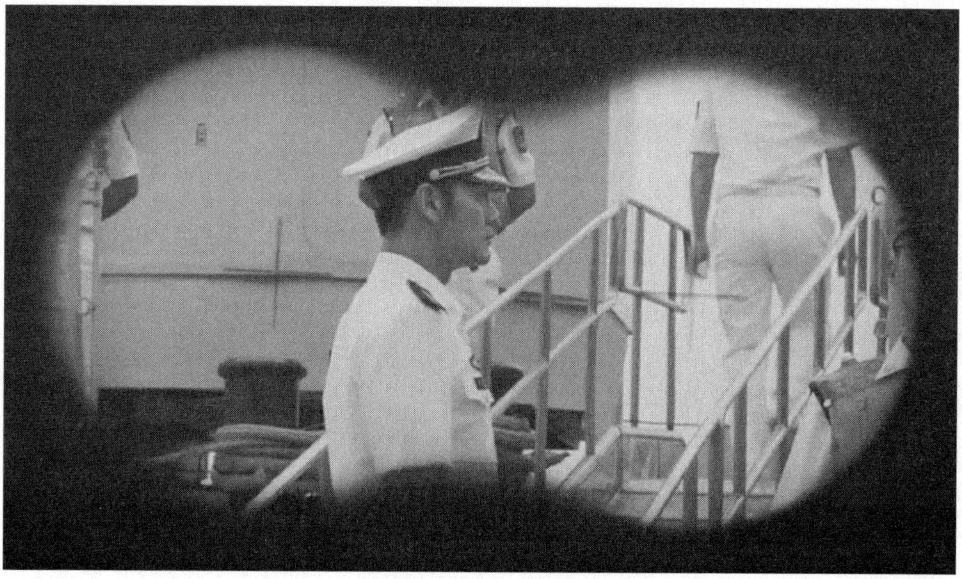

[단어]

□ **胸肌** [xiōngjī] ⑮ 흉근, 가슴근육

□ **夹** [jiā] ⑤ 끼이다, 둘 사이에 놓이다, 양쪽에서 구속당하다, 사이에 두다, (양쪽에서) 집다, 조이다, 끼우다, 겨드랑이에 끼다

□ **首长** [shǒuzhǎng] ⑮ (부대·정부·기관·기업 각 부서의) 최고 지도자, 주요 책임자, 지휘관, 수장, 수뇌, 우두머리

□ **同志** [tóngzhì] ⑮ 동지

□ **舰** [jiàn] ⑮ 군함, (군용의) 대형 선박

□ **请示** [qǐngshì] ⑤ (윗사람이나 상부에) 지시를 바라다

□ **计划** [jìhuà] ⑮ 계획, 작정, 방안 ⑤ 계획하다, 기획하다, 꾸미다

□ **起航** [qǐháng] ⑤ (선박·비행기 등이) 출항하다

[설명]

□ **他还挺帅的** : '的'는 주어의 내용이나 상황을 강조하는 용법.

12

剧情 샤오샤오와 망궈는 돌아오는 차 안에서 서로의 남자친구에 대해 얘기한다.

笑笑 : 你们才认识几天啊? 你也太投入了吧?

Xiàoxiao : Nǐmen cái rènshi jǐ tiān a? Nǐ yě tài tóurù le ba?

芒果 : 不在乎时间长短, 有的人你跟他过一辈子都没感觉, 有的人吧……

Mángguǒ : Bú zàihu shíjiān chángduǎn, yǒude rén nǐ gēn tā guò yíbèizi dōu méi gǎnjué, yǒude rén ba……

笑笑 : 又属于一见钟情了吧, 你?

Xiàoxiao : Yòu shǔyú yíjiànzhōngqíng le ba, nǐ?

芒果 : 对啊, 你说怎么回事儿啊? 我每回都是这样, 每次还都来真的。你们家那老爷子怎么样? 婚试的还行?

Mángguǒ : Duì a, nǐ shuō zěnme huí shìr a? Wǒ měi huí dōu shì zhèyàng, měi cì hái dōu lái zhēnde。Nǐmen jiā nà lǎoyézi zěnmeyàng? Hūn shì de hái xíng?

笑笑 : 我们家那老爷子啊, 正憋着坏考验我呢。

Xiàoxiao : Wǒmen jiā nà lǎoyézi a, zhèng biēzhe huài kǎoyàn wǒ ne。

[단어]

□ **投入** [tóurù] ⓗ (어떤 일에 열정적으로) 몰두하다, 정신을 집중하다 ⓓ 돌입하다, 뛰어들다, 참가하다, 개시하다, 들어가다, (자금 등을) 투입하다, 투자하다

□ **不在乎** [búzàihu] ⓓ 마음에 두지 않다, 신경쓰지 않다

□ **属于** [shǔyú] ⓓ …에 속하다, …의 소유이다

□ **老爷子** [lǎoyézi] ⓜ (연로한 남자를 높여 부르는 말) 어르신, (자기나 남의 아버지에 대한 존칭) 아버님, 어르신네

□ **憋** [biē] ⓓ 참다, 억제하다, 답답하게 하다, 숨 막히게 하다

□ **考验** [kǎoyàn] ⓓ 시험하다, 시련을 주다, 검증하다 ⓜ 시련

[설명]

□ **每次还都来真的** : '来'는 '(어떤 동작·행위를) 하다'의 의미. 구체적인 동사를 대신하여 표현할 때 사용한다.

□ **憋着坏** : '나쁜 마음을 먹다'. '憋着坏'와 '考验我'는 연동구조를 형성함.

13

剧情 친펀과 샤오샤오는 친구인 망궈를 사이에 두고 토닥토닥 사랑싸움을 시작한다.

秦奋：芒果味儿。
Qínfèn : Mángguǒ wèir。

芒果：怎么猜出来的?
Mángguǒ : Zěnme cāichulai de?

秦奋：这嘴型比那个还大。
Qínfèn : Zhè zuǐxíng bǐ nà ge hái da。

芒果：没劲。发什么愣呢?
Mángguǒ : Méijìn。Fā shénme lèng ne?

秦奋：我在回忆我的一生。
Qínfèn : Wǒ zài huíyì wǒ de yìshēng。

芒果：你的一生就是游手好闲的一生。真瘫啦?
Mángguǒ : Nǐ de yìshēng jiù shì yóushǒuhàoxián de yìshēng。Zhēn tān la?

秦奋：我什么时候骗过你啊? 她对我不好，衣裳不给换，澡也不给洗，我都馊了。
Qínfèn : Wǒ shénme shíhou piànguo nǐ a? Tā duì wǒ bù hǎo, yīshang bù gěi huàn, zǎo yě bù gěi xǐ, wǒ dōu sōu le。

芒果：还真有味儿啊。他真挺臭的。
Mángguǒ : Hái zhēn yǒu wèir a。Tā zhēn tǐng chòu de。

笑笑：你还学会告状了? 你看他，就他能想出这种招来，在轮椅上坐好几天了，让我伺候他。芒果来了，你还不起来呀?
Xiàoxiao : Nǐ hái xuéhuì gàozhuàng le? Nǐ kàn tā, jiù tā néng xiǎngchū zhè zhǒng zhāo lái, zài lúnyǐ shang zuòhǎo jǐ tiān le, ràng wǒ cìhou ta。Mángguǒ lái le, nǐ hái bù qǐlai ya?

[단어]

□ **猜** [cāi] ㊈ 추측하다, 알아맞히다, 추정하다, (짐작하여) 맞추다, 의심하다

□ **嘴型** [zuǐxíng] ㊄ 입 모양

□ **没劲** [méijìn] ㊆ 재미없다, 시시하다, 무미건조하다 ㊈ 힘이 없다

□ **发愣** [fālèng] ㊈ 멍하다, 멍해지다, 멍청해지다, 어리둥절하다, 얼이 빠지다

□ **回忆** [huíyì] ㊈ 회상하다, 추억하다 ㊄ 회상, 추억

□ **游手好闲** [yóushǒuhàoxián] 성 하는 일 없이 빈둥거리다, 빈둥거리며 게으름만 부리다, 일하지 않고 놀고먹다

□ **衣裳** [yīshang] ㊄ 의상, 의복

□ **馊** [sōu] ㊈ (음식이) 쉬다, 시큼해지다, 쉰내가 나다, (몸·옷에서) 땀 냄새를 풍기다, 땀내가 나다 ㊆ 시금털털하다, 시큼시큼하다

□ **臭** [chòu] ㊆ (냄새가) 지독하다, 구리다, 역겹다, 꼴불견이다, 얄밉다, 졸렬하다, 조잡하다, 그저 그렇다, 나쁘다, 형편없다

□ **学会** [xuéhuì] ㊈ 습득하다, 배워서 알다, 배워서 할 수 있게 되다

□ **告状** [gàozhuàng] ㊈ 일러바치다, 이르다, 고자질하다, 고소하다, 기소하다

□ **招(～儿)** [zhāo] ㊄ 계책, 수단, 수, 술수, 방법, (바둑이나 장기의) 수

[설명]

□ **猜出来**: 'V+出来' 방향보어식이지만, 사실은 결과보어의 용법을 표현하고 있음.
'出来'가 동사 뒤에 사용되어;
1. 동작이 안에서 바깥으로 행해지는 것을 나타냄. 拿出来 / 说出来
2. 동작이 완성되거나 실현된 것을 나타냄. 做出来 / 创造出来
3. 은폐된 것에서 노출되는 것을 나타냄. 听出来 / 认出来

□ **坐好**: 결과보어식. 동작의 완성, 결과를 나타냄. 准备好 / 做好

□ **就他能想出这种招来**: 복합방향보어 '想出来(생각해내다)'에 목적어 '这种招(이러한 계책)'가 삽입된 형태임.

芒果：行啦，行啦，差不多行啦。你老这么窝着呀，血脉淤积，回头整一静脉曲张，坑的可是自个儿。

Mángguǒ : Xíng la, xíng la, chàbuduō xíng la。Nǐ lǎo zhème wōzhe ya, xuèmài yūjī, huítóu zhěng yi jìngmàiqūzhāng, kēng de kě shì zìgěr。

秦奋：这事儿对我有利没利我不管，只要对她没利我就干。

Qínfèn : Zhè shìr duì wǒ yǒulì méilì wǒ bù guǎn, zhǐyào duì tā méilì wǒ jiù gàn。

芒果：你怎么这么缺德呀，你？

Mángguǒ : Nǐ zěnme zhème quēdé ya, nǐ?

秦奋：你是啊，没看见她怎么气我呢。头一宿我挠了半夜的门，我生命力这么旺盛，不说试我怎么行，一上来就试我怎么不行，有这样的吗？一口甜头都不给，一口没尝呢，就逼着我说腻了。

Qínfèn : Nǐ shì a, méi kànjiàn tā zěnme qì wǒ ne。Tóu yì xiǔ wǒ náo le bànyè de mén, wǒ shēngmìnglì zhème wàngshèng, bù shuō shì wǒ zěnme xíng, yí shànglai jiù shì wǒ zěnme bù xíng, yǒu zhèyàng de ma? Yì kǒu tiántou dōu bù gěi, yì kǒu méi cháng ne, jiù bīzhe wǒ shuō nì le。

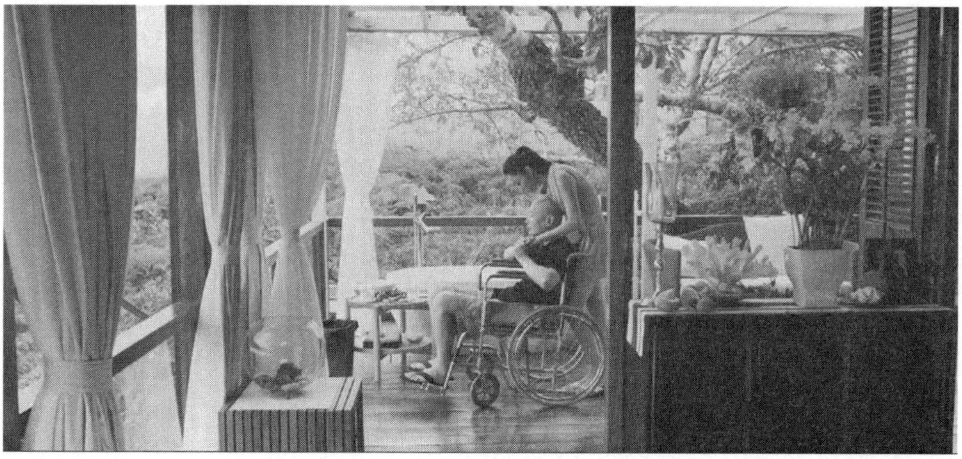

[단어]

□ **窝** [wō] ⓢ 굽히다, 구부리다 ⓜ 둥지, 둥우리, 보금자리, 우리, 집, 굴, 자리
□ **血脉** [xuèmài] ⓜ 혈관, 혈맥, 혈통, 친자녀, 혈육, 자손
□ **淤积** [yūjī] ⓢ 침적하다, 퇴적하다, 응결되다, (근심 등이) 마음에 쌓이다
□ **静脉** [jìngmài] ⓜ 정맥
□ **曲张** [qūzhāng] ⓜ 노장(怒张), 확장
□ **坑** [kēng] ⓢ (사람을) 곤경에 빠뜨리다 ⓜ 구멍, 구덩이, 웅덩이, 갱, 굴, 땅굴
□ **有利** [yǒulì] ⓗ 유리하다, 이롭다, 좋은 점이 있다
□ **没利** [méilì] ⓗ 불리하다
□ **缺德** [quēdé] ⓗ 부도덕하다, 비열하다
□ **气** [qì] ⓢ 화나게 하다, 약을 올리다 ⓜ 기체, 가스, 공기, 냄새
□ **挠** [náo] ⓢ 긁다, 굽히다, 굴복하다, 방해하다
□ **生命力** [shēngmìnglì] ⓜ 생명력, 활력, 활기찬 기상
□ **旺盛** [wàngshèng] ⓗ (정력이) 왕성하다, 성하다, 충만하다, 강하다, 무성하다
□ **甜头** [tiántou] ⓜ 단맛, 좋은 맛, 좋은 점, 이익
□ **尝** [cháng] ⓢ 맛보다, 시험 삼아 먹어 보다, 시식하다, 시험 삼아 해 보다, 시험해보다, 체험하다, 겪다, 경험하다
□ **说腻** [shuōnì] 지겹다고 말하다, 질렸다고 말하다

[설명]

□ **你老这么窝着** : '老'는 부사로서 '줄곧, 계속, 늘, 언제나, 항상'의 의미.
□ **不说试我怎么行** : 주술구조 '我怎么行'이 '试'의 목적어가 되고, 다시 '试我怎么行' 어구 전체가 '说'의 목적어가 되는 구조.
□ **说腻了** : '说腻'는 술목구조로 이루어진 단어임. 직역하면, '지겹다는 것(腻)'을 '말하다(说)'.

芒果：什么意思呀？你俩到现在都没有过啊？

Mángguǒ : Shénme yìsi ya? Nǐ liǎ dào xiànzài dōu méiyǒu guò a?

秦奋：可不是没有嘛。原来是我不愿意趁她之危，现在是她逼着我演审美疲劳。行，那我就照砸了给她演，这几天我什么活都不干，油瓶子倒了都不扶，就在这儿当大爷。幸福不一定在一起，倒霉一定要在一起，按她的理论说，这才叫夫妻呢？

Qínfèn : Kě bú shì méiyǒu ma。Yuánlái shì wǒ bú yuànyì chèn tā zhī wēi, xiànzài shì tā bīzhe wǒ yǎn shénměi píláo。Xíng, nà wǒ jiù zhào zá le gěi tā yǎn, zhè jǐ tiān wǒ shénme huó dōu bú gàn, yóupíngzi dǎo le dōu bù fú, jiù zài zhèr dāng dàyé。Xìngfú bùyídìng zài yìqǐ, dǎoméi yídìng yào zài yìqǐ, àn tā de lǐlùn shuō, zhè cái jiào fūqī ne?

芒果：芒果不吃芒果。你这是打算装一阵子，还是装一辈子呀？

Mángguǒ : Mángguǒ bù chī mángguǒ。Nǐ zhè shì dǎsuan zhuāng yízhènzi, háishì zhuāng yíbèizi ya?

秦奋：那得看她表现了，让我站起来也容易，重新聊聊待遇。

Qínfèn : Nà děi kàn tā biǎoxiàn le, ràng wǒ zhànqilai yě róngyì, chóngxīn liáoliao dàiyù。

芒果：你要什么待遇啊？

Mángguǒ : Nǐ yào shénme dàiyù a?

秦奋：丈夫的待遇呀。假戏不一定真演，起码得睡一床吧？帮我续点儿水去，渴我一上午了。

Qínfèn : Zhàngfu de dàiyù ya。Jiǎxì bùyídìng zhēn yǎn, qǐmǎ děi shuì yì chuáng ba? Bāng wǒ xù diǎnr shuǐ qù, kě wǒ yí shàngwǔ le。

芒果：笑笑，你们家水壶在哪儿啊？

Mángguǒ : Xiàoxiao, nǐmen jiā shuǐhú zài nǎr a?

[단어]

- □ **趁危** [chènwēi] 남의 위급한 상황을 틈타 남을 해치다
- □ **演** [yǎn] ㉠ 공연(上演)하다, 연기하다, 연습하다, 훈련하다
- □ **照** [zhào] ㉢ …에 의거(근거)해서, …을 향하여 ㉠ 비추다, 비치다, 빛나다
- □ **砸** [zá] ㉠ 실패하다, 망치다, 틀어지다, (무거운 것으로) 눌러 으스러뜨리다, 내리치다, 박다, 찧다, 다지다, 때려 부수다, 깨뜨리다, 못쓰게 만들다
- □ **扶** [fú] ㉠ 부축하다, (손으로) 일으키다, 떠받치다, (넘어지지 않도록) 짚다, 기대다, 의지하다, 지탱하다, 버티다, 괴다
- □ **大爷** [dàyé] ㉡ 어르신, 큰아들(형제 가운데 맏이), 장자
- □ **幸福** [xìngfú] ㉡ 행복 ㉣ 행복하다
- □ **倒霉** [dǎoméi] ㉣ 재수 없다, 운수 사납다, 불운하다 ㉠ 재수 없는 일을 당하다
- □ **一阵子** [yízhènzi] 일정 기간, 한참
- □ **表现** [biǎoxiàn] ㉡ 태도, 품행, 행동, 표현 ㉠ 나타내다, 표현하다
- □ **待遇** [dàiyù] ㉡ (급료·보수·권리·지위 등의) 대우, 대접 ㉠ 대우하다
- □ **假戏** [jiǎxì] ㉡ 가짜 일
- □ **起码** [qǐmǎ] ㉤ 적어도, 최소한도로 ㉣ 최소한의, 기본적인, 기초적인
- □ **续** [xù] ㉠ 더하다, 보태다, 이어지다, 계속하다, 지속하다, 잇다
- □ **水壶** [shuǐhú] ㉡ 주전자, 물주전자

[설명]

- □ **没有过**: '过'는 동사로서 '(어떤 처리나 수속을) 거치다'의 뜻이며, '통하다, 왕래하다, 교제하다'의 의미도 갖고 있다. 여기서는 두 사람이 치르는 '성적인 관계'를 암시한다.
- □ **趁她之危**: '그녀의 위급함(약함)을 틈타다'. '趁危'는 본래 술목구조로 이루어진 어구이므로 중간에 목적어를 수식하는 관형어구가 들어갈 수 있음.
- □ **她逼着我演审美疲劳**: '逼'는 '위협하다, 협박하다' 의미의 동사로서 '…로 하여금 강제로 …하게 하다'의 의미가 있으므로 사역성(使役性)이 강한 동사라 할 수 있다.
- □ **照砸了给她演**: '망한 것처럼 연기해주다', '照砸了' 전체가 부사어로 사용되어, 중심어 '给她演'을 수식해주는 관계이다.

笑笑：怎么指使你了？来，给我。

Xiàoxiao : Zěnme zhǐshǐ nǐ le? Lái, gěi wǒ。

芒果：在这儿呢，这都是你给他洗的呀？

Mángguǒ : Zài zhèr ne, zhè dōu shì nǐ gěi tā xǐ de ya?

笑笑：我尽量不让他喝水，要不他老让我搀着他上厕所。

Xiàoxiao : Wǒ jǐnliàng bú ràng tā hē shuǐ, yàobu tā lǎo ràng wǒ chānzhe tā shàng cèsuǒ。

芒果：你瞧他那样，还真把自己当瘫子了。

Mángguǒ : Nǐ qiáo tā nàyàng, hái zhēn bǎ zìjǐ dāng tānzi le。

笑笑：拧着呢。你不管他，他真往裤子里给你尿。

Xiàoxiao : Nìngzhe ne。Nǐ bù guǎn tā, tā zhēn wǎng kùzili gěi nǐ niào。

芒果：我真服了你了，你就这么惯着他呀？

Mángguǒ : Wǒ zhēn fú le nǐ le, nǐ jiù zhème guànzhe tā ya?

笑笑：哎呀！我也想试试自己真遇上这种事儿能不能抗得住啊。

Xiàoxiao : Āiyā! Wǒ yě xiǎng shìshi zìjǐ zhēn yùshang zhè zhǒng shìr néng bù néng kàngdezhù a。

芒果：没这么考验自己的啊，他这不欺负人么。

Mángguǒ : Méi zhème kǎoyàn zìjǐ de a, tā zhè bù qīfu rén me。

笑笑：没事儿。

Xiàoxiao : Méishir。

芒果：他不嫌受罪，他就瘫着呗。这两天累得我够呛。我也不想做饭了。哎！咱下山找个酒店吃呗。

Mángguǒ : Tā bù xián shòuzuì, tā jiù tānzhe bei。Zhè liǎng tiān lèide wǒ gòuqiàng。Wǒ yě bù xiǎng zuò fàn le。Āi! Zán xiàshān zhǎo ge jiǔdiàn chī bei。

芒果：行啊。

Mángguǒ : Xíng a。

[단어]

□ **指使** [zhǐshǐ] ⓢ 시키다, 사주하다, 교사하다, 조종하다
□ **搀** [chān] ⓢ 부축하다, 붙잡다, 돕다, 섞다, 타다, 혼합하다
□ **瞧** [qiáo] ⓢ 보다, 구경하다, 방문하다, 찾아가 보다, 들여다보다, 진찰하다
□ **瘫子** [tānzi] ⓜ 반신불수자, 중풍 걸린 사람
□ **拧** [nìng] ⓗ 고집이 세다, 옹고집이다, 완고하다, 까다롭다, (성격이) 비뚤어지다
□ **尿** [niào] ⓢ 오줌을 누다, 소변을 보다, 배뇨하다 ⓜ 소변, 오줌
□ **惯** [guàn] ⓢ 멋대로 하도록 내버려 두다 ⓗ 습관이 되다, 익숙해지다
□ **抗** [kàng] ⓢ 저항하다, 막다, 대항하다, 싸우다거절하다, 거스르다, 항거하다
□ **欺负** [qīfu] 괴롭히다, 얕보다, 능욕하다, 업신여기다
□ **受罪** [shòuzuì] ⓢ 고생하다, 고난을 당하다, 혼나다, 시달리다, 괴로움을 당하다, 학대받다, 혼쭐나다, 괴롭다, 벌을 받다
□ **够呛** [gòuqiàng] ⓗ 죽겠다, 견딜 수 없다, 대단하다, 엄청나다, 힘들다, 고되다

[설명]

□ **抗得住**: '참을 수 있다'. '抗得住(참을 수 없다)'. 'V+住'형식 중간에 '得'나 '不'가 삽입되어 가능보어식이 됨.

14

剧情 샤오샤오와 망궈는 기분 전환을 위해 호텔로 가서 식사를 하기로 한다. 친펀은 호텔에 가서도마저 반신불수 노릇을 하며 샤오샤오의 애를 태우는데... 샤오샤오가 뭇남자와 대화를 하며 친펀의 눈치를 살피자 친펀은 질투심에 자리에서 일어서고 만다. 이들의 사랑싸움은 앞으로 어떻게 전개될지.....

服务员 : 您好! 欢迎光临石梅湾艾美酒店。

Fúwùyuán : Nín hǎo! Huānyíng guānglín Shíméiwān àiměi jiǔdiàn。

芒果 : 你来, 这儿有轮椅, 一会儿帮我把那残疾人给抬进去。啊?

Mángguǒ : Nǐ lái, zhèr yǒu lúnyǐ, yíhuìr bāng wǒ bǎ nà cánjírén gěi táijìnqu。Ā?

服务员 : 好的。

Fúwùyuán : Hǎode。

服务员 : 你好!

Fúwùyuán : Nǐ hǎo!

笑笑 : 谢谢, 谢谢。你自己能吃吗?

Xiàoxiao : Xièxie, xièxie。Nǐ zìjǐ néng chī ma?

秦奋 : 不能。

Qínfèn : Bù néng。

芒果 : 手也不能动啦? 瘫到脖子啦, 你?

Mángguǒ : Shǒu yě bù néng dòng la? Tān dào bózi la, nǐ?

秦奋 : 瘫了嘛。那边是越南吗?

Qínfèn : Tān le ma。Nà biān shì yuènán ma?

服务员 : 是的, 但是看不到的。

Fúwùyuán : Shìde, dànshì kànbudào de。

芒果 : 头盘给我来这鞑靼牛肉。

Mángguǒ : Tóupán gěi wǒ lái zhè Dádán niúròu。

[단어]

□ **石梅湾** [shíméiwān] 스메이완(석매만) (海灣 이름)

□ **残疾人** [cánjírén] ⓜ 장애인, 장애우, 불구자

□ **抬** [tái] ⓢ 들어올리다, 들다, 쳐들다, (두 사람 이상이) 맞들다, 함께 들다, 맞메다

□ **脖子** [bózi] ⓜ 목, (사람의 몸이나 기물에서) 목처럼 생긴 것

□ **越南** [Yuènán] 고 베트남, 월남

□ **头盘** [tóupán] ⓜ 첫 번째 나오는 요리. 첫 코스

□ **鞑靼牛肉** [Dádá'niúròu] 고 타르타르스테이크(tartar steak). 독일 요리의 하나. 익히지 않은 쇠고기를 곱게 다져 그 위에 계란 노른자위를 얹어 피클 따위를 곁들이고 소금, 후추 따위로 조미하여 먹는다.

[설명]

□ **抬进去**: 'V+进去'. '进去'는 방향보어로서 동사 뒤에 쓰여 동작이 밖에서 안쪽으로 향하거나 들어감을 나타냄. 의미상 'V+进来'와 상대적임.
走进去 / 开进去 / 搬进去 / 伸进去

□ **瘫了嘛**: '嘛'는 명백한 사실을 강조하거나 당연한 사실을 이야기할 때 사용하는 어기조사.
有什么意见就说嘛 (무슨 의견이 있으면 말해보세요)

笑笑：我就要那个，鲁库拉沙拉吧。芝士别放，酱料我自己搁。

Xiàoxiao : Wǒ jiù yào nà ge, Lǔkùlā shālā ba。Zhīshì bié fàng, jiàngliào wǒ zìjǐ gē。

秦奋：哎，我呢？我还没要呢。

Qínfèn : Āi, wǒ ne? Wǒ hái méi yào ne。

笑笑：对啊，还有你呢。你要什么呀？你能吃什么呀？

Xiàoxiao : Duì a, hái yǒu nǐ ne。Nǐ yào shénme ya? Nǐ néng chī shénme ya?

秦奋：吃肉啊。

Qínfèn : Chī ròu a。

服务员：我们这儿的小牛肉做的比较好，建议您尝尝。

Fúwùyuán : Wǒmen zhèr de xiǎoniúròu zuò de bǐjiào hǎo, jiànyì nín chángchang。

秦奋：来一份儿。

Qínfèn : Lái yí fènr。

服务员：几成熟呢？

Fúwùyuán : Jǐ chéng shú ne?

秦奋：三成。

Qínfèn : Sān chéng。

笑笑：吃生肉啊？回头拉裤子里自己收拾啊！我过去一下儿。

Xiàoxiao : Chī shēngròu a? Huítóu lā kùzili zìjǐ shōushi a! Wǒ guòqu yíxiàr。

芒果：往这儿看，我还在这儿呢？跟你说点儿正事儿啊。你上次托我办那个人寿保险啊，保单我给你带来了啊。保险金额三百万，我没记错吧？

Mángguǒ : Wǎng zhèr kàn, wǒ hái zài zhèr ne? Gēn nǐ shuō diǎnr zhèngshìr a。Nǐ shàngcì tuō wǒ bàn nà ge rénshòubǎoxiǎn a, bǎodān wǒ gěi nǐ dàilái le a。Bǎoxiǎn jīn'é sānbǎi wàn, wǒ méi jìcuò ba?

[단어]

□ **鲁库拉沙拉** [lǔkùlāshālā] 고 Rucula(루꼴라) 샐러드
□ **芝士** [zhīshì] 명 치즈
□ **酱料** [jiàngliào] 명 소스
□ **搁** [gē] 동 넣다, 첨가하다, 놓다, 두다, 방치하다, 내버려두다, 보류해두다
□ **建议** [jiànyì] 동 제기하다, 제안하다, 건의하다 명 제안, 건의안, 제의
□ **成** [chéng] 양 (~儿) 10분의 1, 할
□ **收拾** [shōushi] 동 정리하다, 거두다, 정돈하다, 치우다, 수습하다, 꾸리다, 거두다
□ **正事** [zhèngshì] 명 정규(정식)의 일, 본연의 일
□ **人寿保险** [rénshòubǎoxiǎn] 생명보험
□ **保单** [bǎodān] 명 보험 증서, 보험 증권, 신원 보증서, 재정 보증서, (상품) 보증서
□ **金额** [jīn'é] 명 금액

[설명]

□ 几成 : '몇 프로', '몇 퍼센트'.
□ 记错 : '잘못 기억하다'. 결과보어식.
□ 拉裤子里 : '바지에 똥을 싸다'.
□ 托我办 : '나에게 처리해달라 부탁하다'.

秦奋：嗯。

Qínfèn : Ēn。

芒果：那受益人填谁啊?

Mángguǒ : Nà shòuyìrén tián shéi a?

秦奋：填她呀。

Qínfèn : Tián tā ya。

芒果：梁笑笑。

Mángguǒ : Liángxiàoxiao。

秦奋：啊。

Qínfèn : À。

芒果：给你写上了啊。

Mángguǒ : Gěi nǐ xiěshang le a。

秦奋：写上。

Qínfèn : Xiěshang。

芒果：你没什么忌讳吧?

Mángguǒ : Nǐ méi shénme jìhuì ba?

秦奋：忌讳什么呀? 人年纪轻轻跟了我，我要有个三长两短的，能对人没个交代么? 我要是必须死一人手里，宁肯死她手里。

Qínfèn : Jìhuì shénme ya? Rén niánjì qīngqīng gēn le wǒ, wǒ yào yǒu ge sānchángliǎngduǎn de, néng duì rén méi ge jiāodài me? Wǒ yàoshi bìxū sǐ yì rén shǒuli, níngkěn sǐ tā shǒuli。

芒果：别别，您千年万年活下去。站在我们女的立场上，我必须得说，你这次这事儿啊，办的有点儿靠谱。来，在这儿签个字。得嘞。

Mángguǒ : Bié bié, nín qiānnián wànnián huóxiàqu。Zhàn zài wǒmen nǚde lìchǎng shang, wǒ bìxū děi shuō, nǐ zhè cì zhè shìr a, bàn de yǒudiǎnr kàopǔ。Lái, zài zhèr qiān ge zì。dé lei。

[단어]

□ **受益人** [shòuyìrén] ㉟ 수익자, 수혜

□ **填** [tián] ㉺ 기입하다, 써 넣다, 채우다, 메우다, 막다, 보충하다

□ **忌讳** [jìhuì] ㉺ (말이나 행동을) 금기하다, 꺼리다, 기피하다, 삼가다, 막다

□ **交代** [jiāodài] ㉺ (자신의 의도를) 설명하다, 당부하다, 주문하다, 설명하다, 알려주다, 인계하다, 건네주다

□ **宁肯** [nìngkěn] ㉾ 차라리 …할지언정, 설령 …할지라도

□ **嘞** [lei] ㉳ 용법은 '了(le)'와 비슷하며 긍정의 어기를 나타냄.

[설명]

□ **那受益人填谁啊?** : '那'는 '그러면'의 의미, '受益人'은 문장의 화제(話題)로 앞으로 끌어 낸 것임.

□ **写上** : '写上'은 'V+上' 구조.
동작, 행위가 실현되거나 어떤 목적에 도달하여 결과가 생성됨을 표현함.

□ **年纪轻轻** : '나이가 젊디젊다'.

□ **三长两短** : '뜻밖의 재난이나 변고'. 동의어 : 三差两错[sānchāliǎngcuò]

秦奋：聊什么呢？怎么还照上相了？什么情况啊？

Qínfèn : Liáo shénme ne? Zěnme hái zhàoshang xiàng le? Shénme qíngkuàng a?

服务员：请问，沙拉是哪位的？

Fúwùyuán : Qǐngwèn, shālā shì nǎ wèi de?

芒果：这儿的。你干嘛去啊？

Mángguǒ : Zhèr de。Nǐ gànmá qù a?

服务员：先生，您？

Fúwùyuán : Xiānsheng, nín?

建国：那你晚上要不要来？

Jiànguó : Nà nǐ wǎnshang yào bu yào lái?

笑笑：好啊，好啊。

Xiàoxiao : Hǎo a, hǎo a。

建国：我给你留票。

Jiànguó : Wǒ gěi nǐ liú piào。

笑笑：可以吗？

Xiàoxiao : Kěyǐ ma?

建国：可以啊。

Jiànguó : Kěyǐ a。

笑笑：谢谢！

Xiàoxiao : Xièxie!

建国：给留张票。

Jiànguó : Gěi liú zhāng piào。

某男人：没问题。

Mǒunánrén : Méi wèntí。

秦奋：菜来了。

Qínfèn : Cài lái le。

建国：哥。

Jiànguó : Gē。

秦奋 : 谁呀?
Qínfèn : Shéi ya?

建国 : 还能有谁呀? 人建国啊。
Jiànguó : Hái néng yǒu shéi ya? Rén Jiànguó a。

秦奋 : 建国?
Qínfèn : Jiànguó?

建国 : 嗯, 人整容啦, 韩国做的。
Jiànguó : Ēn, rén zhěngróng la, Hán'guó zuò de。

秦奋 : 怎么整的跟廖凡似的?
Qínfèn : Zěnme zhěng de gēn Liàofán shìde?

建国 : 讨厌, 你。哎, 哥啊, 这就是你征婚征来的啊?
Jiànguó : Tǎoyàn, nǐ。Āi, gē a, zhè jiù shì nǐ zhēnghūn zhēnglái de a?

[단어] ——————

□ **聊** [liáo] ㉠ 한담하다, 잡담하다, 의지하다, 기대다, 의뢰하다 ㉡ 잠시, 우선, 잠깐

□ **整容** [zhěngróng] ㉠ 얼굴을 성형하다, 용모를 가다듬다

□ **廖凡** [Liàofán] 고 인명, 중국의 유명 영화배우

[설명] ——————

□ 照上相 : '照相'은 '술어+목적어'구조. '사진을 찍다', '촬영하다'.
동사 '照'에 결과보어 '上'이 결합된 형태.

□ 人建国啊 : '人'은 '我' 또는 '他'를 대신 지칭하는 의미에서의 '사람'. 人整容啦.

□ 征来 : 'V+来' 방향보어식. '征'은 '구하다', '모집하다'. 征人(사람을 구하다)

秦奋：你讨厌。你怎么认识他们呀?

Qínfèn : Nǐ tǎoyàn。Nǐ zěnme rènshi tāmen ya?

笑笑：你怎么站起来了?

Xiàoxiao : Nǐ zěnme zhànqilái le?

芒果：急的呗。这回你省心了，还是原来那待遇啊，是你自个儿站起的。

Mángguǒ : Jí de bei。Zhè huí nǐ shěngxīn le, hái shì yuánlái nà dàiyù a, shì nǐ zìgěr zhànqi de。

笑笑：我不能和人说话吗? 我不能有自己的朋友吗?

Xiàoxiao : Wǒ bù néng hé rén shuōhuà ma? Wǒ bù néng yǒu zìjǐ de péngyou ma?

服务员：您的牛肉好了。先生，您的轮椅已经帮您收好了。

Fúwùyuán : Nín de niúròu hǎo le。Xiānsheng, nín de lúnyǐ yǐjīng bāng nín shōuhǎo le。

秦奋：谢谢啊。咱们别在外面吵，行么?

Qínfèn : Xièxie a。Zánmen bié zài wàimian chǎo, xíng me?

笑笑：谁吵了?

Xiàoxiao : Shéi chǎo le?

芒果：笑笑，那帮人是干嘛的呀?

Mángguǒ : Xiàoxiao, nà bāng rén shì gànmá de ya?

笑笑：搞选美的。什么天使在艾美，今天晚上总决赛。对了，他们给我票了，一起去吧。

Xiàoxiao : Gǎo xuǎnměi de。Shénme Tiānshǐzài'àiměi, jīntiān wǎngshang zǒngjuésài。Duì le, tāmen gěi wǒ piào le, yìqǐ qù ba。

芒果：去不了，我一会儿回北京了，你俩去呗。秦奋，你陪着去啊，都是美女。

Mángguǒ : Qùbuliǎo, wǒ yíhuìr huí Běijīng le, nǐ liǎ qù bei。Qínfèn, nǐ péizhe qù a, dōu shì měinǚ。

[단어] ————————

□ **回** [huí] 양 회, 번, 차 (次, 场, 回)

□ **省心** [shěngxīn] ⓓ 근심(걱정)을 덜다, 시름을 놓다

□ **自个儿** [zìgěr] ⓓ 자기, 저절로, 스스로 自己个儿 [zìjigěr] 자기

□ **吵** [chǎo] ⓓ 다투다, 말다툼하다, 입씨름하다 ⓗ 시끄럽다, 떠들썩하다

□ **搞** [gǎo] ⓓ 하다, 종사하다, 처리하다, 취급하다, 다루다, 마련하다, 만들다, 구하다

□ **总决赛** [zǒngjuésài] ⓜ 파이널, 챔피언십

□ **陪** [péi] ⓓ 동반하다, 시중들다, 안내하다, 수행하다, 배석하다, 곁에서 도와주다

[설명] ————————

□ **收好** : 'V+好'. '好'는 결과보어. 동사 뒤에 사용되어 어떤 동작이나 행위가 완성되었거나 잘 마무리되었음을 표현함. 做好 / 准备好 / 收拾好 / 穿好 / 订好

□ **那帮人是干嘛的呀?** : '帮'은 '무리'. (여럿이 모여 한 집단을 이룬 사람들에 대해서 쓰임)

秦奋：我才不去呢。什么乱七八糟的，冒充专家，冒充上流社会，哪他妈有上流啊？全是他妈下流，他们有什么权力把人分成三六九等啊？美的标准他们定的？

Qínfèn : Wǒ cái bú qù ne。Shénme luànqībāzāo de, màochōng zhuānjiā, màochōng shàngliú shèhuì, nǎ tāmā yǒu shàngliú a? Quán shì tāmā xiàliú, tāmen yǒu shénme quánlì bǎ rén fēnchéng sānliùjiǔ děng a? Měi de biāozhǔn tāmen dìng de?

笑笑：没说让你去啊，用不着那么愤世嫉俗。

Xiàoxiao : Méi shuō ràng nǐ qù a, yòngbuzháo nàme fènshìjísú。

秦奋：这就是一帮寄生虫，骗吃，骗喝，骗炮打。

Qínfèn : Zhè jiù shì yì bāng jìshēngchóng, piàn chī, piàn hē, piàn pào dǎ。

芒果：嘿嘿嘿！别骂了！再骂连自个都骂了。

Mángguǒ : Hēihēihēi! Bié mà le! Zài mà lián zìgěr dōu mà le。

你俩逗归逗，别逗出真讨厌来。这女的吧，再怎么着，也是希望有人欣赏自个。你不也希望有人欣赏你么？你总不想当万人嫌吧？

Nǐ liǎ dòu guī dòu, bié dòuchū zhēn tǎoyàn lái。Zhè nǚde ba, zài zěnmezhāo, yě shì xīwàng yǒu rén xīnshǎng zìgěr。Nǐ bù yě xīwàng yǒu rén xīnshǎng nǐ me? Nǐ zǒng bù xiǎng dāng wànrén xián ba?

秦奋：知道，其实我非常爱她。

Qínfèn : Zhīdào, qíshí wǒ fēicháng ài tā。

芒果：爱别人，就得让人感觉到。

Mángguǒ : Ài biérén, jiù děi ràng rén gǎnjuédào。

秦奋：可是我感觉不到她爱我。

Qínfèn : Kěshì wǒ gǎnjuébudào tā ài wǒ。

芒果：帅哥儿，帮我叫辆车呗。

Mángguǒ : Shuàigēr, bāng wǒ jiào liàng chē bei。

[단어]

- □ **乱七八糟** [luànqībāzāo] 성 엉망진창이다, 아수라장이다, 뒤죽박죽이다
- □ **冒充** [màochōng] ㉠ 사칭하다, 가장하다, 속여서 …하다, …인 체하다
- □ **专家** [zhuānjiā] ㉻ 전문가
- □ **权力** [quánlì] ㉻ (정치적) 권력, 권한
- □ **三六九等** [sānliùjiǔděng] 성 여러 등급, 갖가지 차이
- □ **标准** [biāozhǔn] ㉻ 기준, 표준, 잣대 ㉭ 표준의, 표준적이다
- □ **用不着** [yòngbuzháo] ㉠ 필요치 않다, 쓸모가 없다
- □ **愤世嫉俗** [fènshìjísú] 성 세상의 모든 불합리한 현상에 대하여 분개하고 증오하다
- □ **寄生虫** [jìshēngchóng] ㉻ 기생충, 기생충 같은 사람
- □ **炮** [pào] ㉻ 대포, 포, 폭죽
- □ **骂** [mà] ㉠ 욕하다, 질책하다, 꾸짖다, 따지다
- □ **欣赏** [xīnshǎng] ㉠ 좋아하다, 마음에 들다, 감상하다
- □ **嫌** [xián] ㉠ 싫어하다, 역겨워하다, 꺼리다, 불만스럽게 생각하다, 맞갖잖게 느끼다

[설명]

- □ **我才不去呢** : '**才**' 강조용법의 부사, 주로 문말의 '呢'와 호응한다.
- □ **他妈** : '他妈的' (제기랄, 제기, 제미, 빌어먹을)
- □ **骗吃, 骗喝, 骗炮打** : '먹으려고 속이고, 마시려고 속이고, 섹스하려고 사람을 속인다'.
  '炮打'는 '打炮'의 도치형태. '打炮'는 본래 '대포를 쏘다' 의미지만, 최근에는 '섹스하다'의 은어로 사용됨.
- □ **逗归逗** : '농담은 농담으로만 하다', '장난은 장난으로만 그치다'. 逗 (놀리다, 골리다).
- □ **逗出真讨厌来** : 복합방향보어 '逗出来'에 목적어 '真讨厌'이 결합된 형태.
- □ **再怎么着** : '**怎么着**'는 어떤 동작이나 상황에 대해 가리키거나 물을 때 사용. '어찌 하다', '어찌 하겠소?', '어떻게 하려오?'.
- □ **你不也希望有人欣赏你么?** : '不'는 '不是'에서 '是'가 생략되었음. '也希望有人欣赏你' 구문 전체가 '是'의 목적어임. 즉, '你不是(………)么？'의 형태임.
- □ **我感觉不到** : '나는 느낄 수가 없다'. 'V+不到' 가능보어식. '…할 수 없다'.

服务员 : 好的。

Fúwùyuán : Hǎo de。

芒果 : 反正至少有一点我可以确定，她现在心里除了你啊，还真没别人。走了啊。

Mángguǒ : Fǎnzhèng zhìshǎo yǒu yìdiǎn wǒ kěyǐ quèdìng, tā xiànzài xīnli chúle nǐ a, hái zhēn méi biérén。Zǒu le a。

秦奋 : 拜拜。

Qínfèn : Bàibài。

笑笑 : 你在这儿等着，我去把车吹凉。

Xiàoxiao : Nǐ zài zhèr děngzhe, wǒ qù bǎ chē chuī liáng。

秦奋 : 我去吧。

Qínfèn : Wǒ qù ba。

[단어] ——————

□ 反正 [fǎnzhèng] ㊝ 아무튼, 어떻든, 어쨌든, 여하튼, 하여튼, 좌우지간, 하여간

□ 至少 [zhìshǎo] ㊝ 적어도, 최소한

[설명] ——————

□ 吹凉 : 술어(吹)+보어(凉)의 결과보어식. 즉, '(바람을) 불어서', '시원하게 하다'. '차에 에어컨을 켜놓는다'의 의미.

15

剧情 한바탕 갈등을 겪고 숙소로 돌아온 두 사람, 샤오샤오는 미인선발대회에 참관하러 갈 준비를 하는데, 친펀은 은근히 질투심을 느끼면서도 그녀를 가까운 곳까지만 바래다주기로 한다.

秦奋 : 你真打算去凑这热闹啊?

Qínfèn : Nǐ zhēn dǎsuan qù còu zhè rènao a?

笑笑 : 我就是一俗人。

Xiàoxiao : Wǒ jiù shì yì súrén。

秦奋 : 你身上穿这件就挺好。哎, 哎, 哎, 都戴, 你就别戴了。这种场合什么都不戴才自信呢, 就你这人, 比什么珠宝都昂贵。

Qínfèn : Nǐ shēnshang chuān zhè jiàn jiù tǐng hǎo。Āi, āi, āi, dōu dài, nǐ jiù bié dài le。Zhè zhǒng chǎnghé shénme dōu bú dài cái zìxìn ne, jiù nǐ zhè rén, bǐ shénme zhūbǎo dōu ángguì。

笑笑 : 会不会太素啊? 显得对人不够尊重。

Xiàoxiao : Huì bu huì tài sù a? Xiǎnde duì rén bú gòu zūnzhòng。

秦奋 : 什么时候互相尊重成比阔了? 你又不是开矿的。钻石翡翠说一大天来, 也就是石头。狗才拴链子呢, 你不需要。

Qínfèn : Shénme shíhou hùxiāng zūnzhòng chéng bǐ kuò le? Nǐ yòu bú shì kāikuàng de。Zuànshí fěicuì shuō yí dà tiān lái, yě jiù shì shítou。Gǒu cái shuān liànzi ne, nǐ bù xūyào。

秦奋 : 我给你当司机。

Qínfèn : Wǒ gěi nǐ dāng sījī。

笑笑 : 我已经叫Taxi了, 要不你跟我一起去吧。

Xiàoxiao : Wǒ yǐjīng jiào Taxi le, yàobu nǐ gēn wǒ yìqǐ qù ba。

秦奋 : 那我送你过桥。

Qínfèn : Nà wǒ sòng nǐ guò qiáo。

[단어]

□ **打算** [dǎsuan] ㉾ …할 생각(작정)이다, …하려 하다, 계획(고려)하다 ㉹ 계획, 생각
□ **凑** [còu] ㉾ 한데 모으다, 모이다, 다가가다, 접근하다, 부딪히다, 틈타다, 끼어들다
□ **俗人** [súrén] ㉹ 보통 사람, 속된 사람, 교양이 없는 사람, 세속적인 사람
□ **戴** [dài] ㉾ (머리·얼굴·가슴·팔·손 등에) 착용하다, 쓰다, 차다, 달다, 끼다, 두르다
□ **自信** [zìxìn] ㉻ 자신만만하다, 자신감 있다 ㉹ 자신감 ㉾ 자신하다, 자부하다
□ **珠宝** [zhūbǎo] ㉹ 진주와 보석, 보석류
□ **昂贵** [ángguì] ㉻ 비싸다, 물건값이 오르다
□ **素** [sù] ㉻ (색깔이) 점잖다, 소박하다, 단순하다, 수수하다
□ **显得** [xiǎnde] ㉾ (어떤 상황이) 드러나다, …인 것 같다, …인 것처럼 보이다
□ **尊重** [zūnzhòng] ㉾ 존중하다, 중시하다 ㉻ 정중하다, 점잖다, 엄숙하고 무게가 있다
□ **开矿** [kāikuàng] ㉾ 광물을 채굴하다, 채광하다
□ **钻石** [zuànshí] ㉹ 다이아몬드, 금강석
□ **翡翠** [fěicuì] ㉹ 비취
□ **拴** [shuān] ㉾ (끈으로) 묶다, 붙들어 매다, 얽매어 자유롭게 행동할 수 없다
□ **链子** [liànzi] ㉹ 쇠사슬, (자전거나 오토바이 따위의) 체인
□ **当** [dāng] ㉾ 담당하다, …이(가) 되다, 맡다, 맡아 보다, 주관하다, 관리하다
□ **司机** [sījī] ㉹ 기사, 운전사, 기관사, 조종사

[설명]

□ **凑热闹(儿)** : '함께 모여 떠들썩하게 즐기다, 왁자지껄 놀다, 성가시게 하다, 더욱 귀찮게 하다'.

□ **就你这人** : '就'는 '바로, 꼭, 틀림없이'의 의미.

□ **什么时候互相尊重成比阔了?** : '언제부터 상호존중하는 게 돈이 얼마나 많은 지의 비교가됐는가?' '互相尊重'이 주어이며, '比阔'는 '成(…이 되다)'의 목적어가 됨. '比阔'에서'阔'는형용사로서 '사치스럽다, 부유하다, 헤프다'의 의미, '比'는 '비교하다'.

□ **说一大天来** : '한참을 말하다', '아무리 얘기해도...'

16

剧情 구름다리 중간까지만 바래다주고 돌아선 친펀... 샤오샤오는 미인선발대회에 구경을 가서는 대회의 화려한 모습에 잠시 어리둥절해 한다. 미인대회는 계속 이어지고, 집에서 TV로 이를 시청하던 친펀은 궁금증을 못 이겨 대회장으로 향한다.

主持人：大家好，欢迎来到天使在艾美。

Zhǔchírén : Dàjiā hǎo, huānyíng láidào Tiānshǐzài'àiměi。

主持人：谢谢，谢谢朋友们，今晚咱们围坐沙滩，是为了迎候一群可爱的天使，一个接一个从天而降。当然很抱歉，第一个掉下来的是我。而且导演说我是脸先着地的，摔坏了造型，只配给佳丽们做垫脚石。可是做垫脚石我也乐意，而且心情有点儿小激动，因为今晚即将出场的天使们，她们身上穿的都不算太多。各就各位，有请天使们踏浪而来。

Zhǔchírén : Xièxie, xièxie péngyoumen, jīnwǎn zánmen wéizuò shātān, shì wèile yínghòu yì qún kě'ài de tiānshǐ, yí ge jiē yí ge cóngtiān'érjiàng。Dāngrán hěn bàoqiàn, dì yí ge diàoxialai de shì wǒ。Érqiě dǎoyǎn shuō wǒ shì liǎn xiān zháodì de, shuāihuài le zàoxíng, zhǐ pèi gěi jiālìmen zuò diànjiǎoshí。Kěshì zuò diànjiǎoshí wǒ yě lèyì, érqiě xīnqíng yǒudiǎnr xiǎo jīdòng, yīnwèi jīnwǎn jíjiāng chūchǎng de tiānshǐmen, tāmen shēnshang chuān de dōu búsuàn tài duō。Gèjiùgèwèi, yǒuqǐng tiānshǐmen tà làng ér lái。

主持人：那咱们选择一个让你放松的，就选择中间那位。最可怕的赵学海老师向你发问。有请赵老师。

Zhǔchírén : Nà zánmen xuǎnzé yí ge ràng nǐ fàngsōng de, jiù xuǎnzé zhōngjiān nà wèi。Zuì kěpà de Zhàoxuéhǎi lǎoshī xiàng nǐ fāwèn。Yǒuqǐng Zhàolǎoshī。

[단어]

- □ **围坐** [wéizuò] ⓢ 둘러앉다
- □ **沙滩** [shātān] ⓜ 모래사장, 백사장, 모래톱
- □ **迎候** [yínghòu] ⓢ 마중 나가 기다리다, 마중하다, 출영하다
- □ **天使** [tiānshǐ] ⓜ 천사, 신의 사자, 천진하고 귀여운 여자(소녀)
- □ **从天而降** [cóngtiān'érjiàng] 하늘에서 떨어지다, 갑자기 나타나다
- □ **导演** [dǎoyǎn] ⓜ 감독, 연출자, 안무 ⓢ 연출하다, 감독하다
- □ **脸** [liǎn] ⓜ 얼굴, (얼굴의) 표정, 체면, 면목, 안면, 낯
- □ **着地** [zháodì] ⓢ 착지하다 ⓜ 착지
- □ **摔坏** [shuāihuài] ⓢ 깨지다, 부서지다, 박살나다, (넘어져서) 다치다, 상처를 입다
- □ **造型** [zàoxíng] ⓜ 이미지, 형상, 조형 ⓢ (사람이나 물체의 이미지를) 형상화하다
- □ **佳丽** [jiālì] ⓜ 미녀 ⓗ 아름답다, 수려하다
- □ **垫脚石** [diànjiǎoshí] ⓜ 디딤돌, 섬돌, 댓돌, 첨계, (출세의) 발판
- □ **乐意** [lèyì] ⓢ 기꺼이 …하다, …하기를 원하다, 언제든지 곧 …하다
  ⓗ 만족하다, 유쾌하다, 좋아하다
- □ **即将** [jíjiāng] ⓑ 곧, 머지않아, 불원간
- □ **出场** [chūchǎng] ⓢ 배우가 무대에 오르다, 등장하다, 얼굴을 내밀다, 출현하다
- □ **踏浪** [tàlàng] 파도를 타다
- □ **放松** [fàngsōng] ⓢ 늦추다, 느슨하게 하다, 이완시키다, 정신적 긴장을 풀다

[설명]

- □ **一个接一个**: '한 사람 한 사람씩'.
- □ **摔坏了**: '摔坏'는 결과보어식. '摔'는 동작 행위, '坏'는 그에 따른 결과를 표시함.
- □ **只配给佳丽们做垫脚石**: 'V+给+N+VP'형식. '给'는 동사 뒤에 쓰여 '주다', '바치다'의 의미를 나타냄. '단지 예쁜 천사들에게 발판이 되어주다'.
- □ **各就各位**: '각자가 자기 위치를 차지하다', '제 자리에!', '각자 위치로!'. '就'는 '다가가다, 접근하다, 다가서다, 가까이하다, 다가붙다'.
- □ **有请**: '어서 들어오십시오!', '만나뵙기를 바랍니다', '부르십니다'.

赵老师：十号选手，请你告诉我你对“美”的理解，什么叫美？

Zhàolǎoshī : Shí hào xuǎnshǒu, qǐng nǐ gàosu wǒ nǐ duì “měi” de lǐjiè, shénme jiào “měi”?

主持人：请回答。

Zhǔchírén : Qǐng huídá。

十号选手：我觉得“美”就是心里有爱，常怀着一颗感恩的心。

Shíhàoxuǎnshǒu : Wǒ juéde “měi” jiù shì xīnli yǒu ài, cháng huáizhe yì kē gǎn’ēn de xīn。

主持人：这回答就像什么都没回答。赵老师，您满意十号佳丽的答案吗？

Zhǔchírén : Zhè huídá jiù xiàng shénme dōu méi huídá。Zhàolǎoshī, nín mǎnyì shí hào jiālì de dá’àn ma?

赵老师：我对“美”的理解呀，就两个字“包容”。

Zhàolǎoshī : Wǒ duì “měi” de lǐjiě ya, jiù liǎng ge zì “bāoróng”。

秦奋：那是“美德”。

Qínfèn : Nà shì “měidé”。

笑笑：喂。

Xiàoxiao : Wéi。

秦奋：“美”是相对“丑”而存在的，“美之为美斯恶也”。

Qínfèn : “Měi” shì xiāngduì “chǒu” ér cúnzài de, “měi zhī wéi měi sī è yě”。

笑笑：我现在不方便跟你讲话，一会儿完了打给你。

Xiàoxiao : Wǒ xiànzài bù fāngbiàn gēn nǐ jiǎnghuà, yíhuìr wán le dǎ gěi nǐ。

秦奋：哎，劳驾，选美的人呢？

Qínfèn : Āi, láojià, xuǎnměi de rén ne?

服务员：活动结束了，都庆功呢。

Fúwùyuán : Huódòng jiéshù le, dōu qìnggōng ne。

[단어]

□ **选手** [xuǎnshǒu] ㊔ 선수

□ **怀** [huái] ㊕ (마음 속에) 품다, 간직하다

□ **颗** [kē] 양 알, 방울 (둥글고 작은 알맹이 모양같은 것을 셀 때 쓰임)

□ **感恩** [gǎnēn] ㊕ 고맙게 여기다, 감사해 마지않다, 은혜에 감격하다

□ **答案** [dá'àn] ㊔ 답안, 답, 해답

□ **包容** [bāoróng] ㊕ 포용하다, 너그럽게 감싸다, 수용하다

□ **美德** [měidé] ㊔ 미덕, 좋은 품성

□ **丑** [chǒu] ㊖ 추하다, 못생기다 ㊔ 추태, 수치스러운 일, 허물

□ **劳驾** [láojià] ㊕ 죄송합니다, 실례합니다, 수고하십니다(부탁이나 양보를 청할 때 쓰는 겸손한 말)

□ **庆功** [qìnggōng] ㊕ 공로를 축하하다, 공로자를 표창하다

[설명]

□ **常怀着一颗感恩的心** : '늘 하나의 감사의 마음을 품고있다'.

□ **美之为美斯恶也** : '아름다움이 아름다운 것이 되는 것은 추악한 것이 있기 때문이다'의 의미. 老子《道德经》에 나오는 말. '天下皆知美之为美, 斯恶已。'

秦奋 : 在哪儿?

Qínfèn : Zài nǎr?

服务员 : 宴会厅, 酒吧, KTV都是他们人。

Fúwùyuán : Yànhuìtīng, jiǔbā, KTV dōu shì tāmen rén。

秦奋 : 哎, 好, 谢谢啊。

Qínfèn : Āi, hǎo, xièxie a。

服务员 : 慢走。

Fúwùyuán : Mànzǒu。

[단어] ————————

□ **宴会厅** [yànhuìtīng] ⓜ 연회 홀, 연회장

□ **酒吧** [jiǔbā] ⓜ (서양식)술집, 바(bar)

□ **KTV** ⓜ 노래방, 가라오케

17

剧情 마음이 상한 샤오샤오는 연회장에서 과음을 하여 몸과 정신을 가누기 힘들어 한다. 친펀이 이를 발견하고 숙소로 데려오려 하나 샤오샤오는 거부해버린다.

《KTV酒吧》

某男人：漱漱嘴，漱漱嘴，慢点儿喝，小心点儿。

Mǒunánrén : Shùshu zuǐ, shùshu zuǐ, màn diǎnr hē, xiǎoxīn diǎnr。

秦奋：你怎么把手机给关啦?

Qínfèn : Nǐ zěnme bǎ shǒujī gěi guān la?

笑笑：我没关。

Xiàoxiao : Wǒ méi guān。

秦奋：你们让她喝了多少啊?

Qínfèn : Nǐmen ràng tā hē le duōshao a?

某男人：没人劝她喝，都是她自己灌自己。刚才还好好儿的，一瞬间就挂了。

Mǒunánrén : Méi rén quàn tā hē, dōu shì tā zìjǐ guàn zìjǐ。Gāngcái hái hǎohāor de, yíshùnjiān jiù guà le。

秦奋：你别管了，人交给我吧。

Qínfèn : Nǐ bié guǎn le, rén jiāo gěi wǒ ba。

某男人：那得，那，那，那您劳驾，还这包儿，少喝点儿吧。

Mǒunánrén : Nà dé, nà, nà, nà nín láojià, hái zhè bāor, shǎo hē diǎnr ba。

秦奋：回家吧。

Qínfèn : Huíjiā ba。

笑笑：我没事儿，你让我待一会儿。

Xiàoxiao : Wǒ méishìr, nǐ ràng wǒ dāi yíhuìr。

[단어]

□ **漱嘴** [shùzuǐ] ⓓ 입가심하다, (입 안을) 가시다

□ **劝** [quàn] ⓓ 권하다, 권고하다, 타이르다, 설득하다, 격려하다, 고무하다

□ **灌** [guàn] ⓓ 쏟아붓다, 부어 넣다, 주입하다, 물을 대다, 관개하다

□ **好好儿** [hǎohāor] ⓗ 좋다, 성하다, 온전하다, 멀쩡하다, 정상이다 ⓑ 잘, 제대로

□ **一瞬间** [yíshùnjiān] 순식간, 순간

□ **挂** [guà] ⓓ 취하다, 뻗어버리다, (고리·못 따위에) 걸다, 걸리다

[설명]

□ **漱嘴** : (=漱口 : 입을 가시다, 양치질을 하다)

□ **你怎么把手机给关啦?** : '给'는 피동식(被動式)·처치식(處置式) 등의 문장에서 '给+V'형식으로 쓰여 어기(語氣)를 강하게 함. 보통 '叫' '让' '把'와 함께 쓰이며 생략도 가능함.

□ **没人劝她喝** : 述目구조'没(有)人'+ 主謂구조'人劝她'로 이루어진 겸어식(兼語式). 즉 '人'은 앞 술목구조의 목적어이자, 뒤 주위구조의 주어임.

□ **挂了** : '挂了'는 중국학생들 사이에서 보통 '뻗었다', '맛이 갔다', '죽었다'의 의미로 사용됨. 예를 들어, 야근하고나서 '我要挂了!'라고 하면 '나 죽겠다' 같은 의미로 사용됨.

□ **人交给我吧** : '给'는 동사 뒤에 쓰여 '주다', '바치다'의 의미를 나타냄.

□ **那得** : '그럼 됐어요'. '得'는 '됐어', '좋아', '응' 등의 뜻으로 금지나 동의를 표현할 때 사용함.

秦奋:怎么了？特别难受，是么？你要是不想回家，我扶你到外面坐会儿。

Qínfèn : Zěnme le? Tèbié nánshòu, shì me? Nǐ yàoshi bù xiǎng huíjiā, wǒ fú nǐ dào wàimian zuò huìr。

笑笑：你别理我，我不想和人说话。你先回去，一会儿我准回去，你别管我，行不行啊？

Xiàoxiao : Nǐ bié lǐ wǒ, wǒ bù xiǎng hé rén shuōhuà。Nǐ xiān huíqù, yíhuìr wǒ zhǔn huíqù, nǐ bié guǎn wǒ, xíng bù xíng a?

秦奋：有什么不痛快回家说，行吗？

Qínfèn : Yǒu shénme bú tòngkuai huíjiā shuō, xíng ma?

笑笑：我真没事儿。

Xiàoxiao : Wǒ zhēn méi shìr。

秦奋：离游泳池远一点儿，喝完酒不能游泳。别跑，回来。

Qínfèn : Lí yóuyǒngchí yuǎn diǎnr, hēwán jiǔ bù néng yóuyǒng。Bié pǎo, huílai。

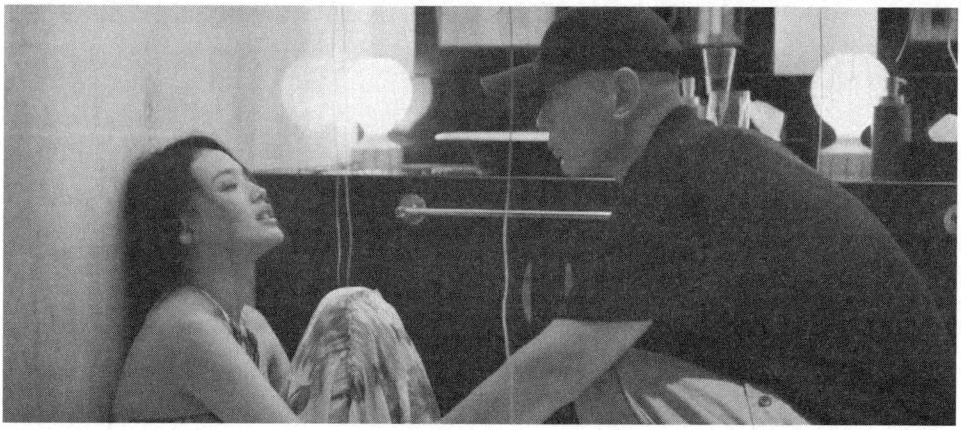

[단어]

□ **难受** [nánshòu] ㉬ (몸이) 불편하다, 괴롭다, 견딜 수 없다, (마음이) 슬프다, 아프다, 상심하다, 답답하다, 괴롭다

□ **要是** [yàoshi] ㉭ 만약, 만약 …이라면(하면). 조건을 표시하는 접속사. [=若是]

□ **扶** [fú] ㉯ (손으로) 일으키다, 부축하다, 떠받치다.
(넘어지지 않도록) 짚다, 기대다, 의지하다, 지탱하다, 버티다

□ **理** [lǐ] ㉯ 상대(상관·아랑곳)하다, 거들떠보다 (주로 부정문에 쓰임)

□ **准** [zhǔn] ㉫ 틀림없이, 반드시 ㉬ 정확하다, 틀림없다, 확실하다, 확정적이다
㉯ 허락하다, 허가하다, 허용하다, 윤허하다

□ **痛快** [tòngkuài] ㉬ 통쾌하다, 즐겁다, 기분좋다, 유쾌하다. (성격이) 시원시원하다, 호쾌하다, 솔직하다

□ **游泳池** [yóuyǒngchí] ㉮ 수영장, 풀

□ **游泳** [yóuyǒng] ㉯ 수영하다, 헤엄치다. ㉮ 수영

[설명]

□ **我扶你到外面坐会儿** : 한 문장 속에 술목구조와 주술구조가 혼재하여 발생된 兼語文.
'我 <u>扶</u> <u>你</u>'(述目) + '<u>你 到外面坐会儿</u>(主述)'.
S+V_1+O　　S+V_2(P)
대개의 경우 'V_1'은 사역동사 -- 我们**请**他来。　老师**叫**你们就去呢。
V_1이 일반동사인 경우도 있음 -- 老师**通知**小李到办公室去一趟。

□ **有什么不痛快回家说** : '무슨 안 좋은 일이 있으면, 집에 가서 얘기합시다'. '有什么不痛快'+'回家说'구조. 앞절에 조건을 표시하는 접속사가 없으나 전후 문맥의 논리상 조건절의 의미를 나타냄.

□ **喝完酒不能游泳** : 두 개의 동사구(VP)가 합쳐진 형식의 문장. 앞 동사구가 조건이나 가정을 표시함.
'喝完酒'+'不能游泳' -- 술을 마시고나서는 수영을 할 수 없다(해서는 안 된다)

18

剧情 샤오샤오를 찾아 어두운 밤바다를 헤매는 친펀. 두 사람은 차가운 바닷가에서 밤을 지새우고 아침을 맞는다.

秦奋 : 笑笑，笑笑，你在哪儿?

Qínfèn : Xiàoxiao, Xiàoxiao, nǐ zài nǎr?

笑笑 : 我没在海里。

Xiàoxiao : Wǒ méi zài hǎili。

笑笑 : 我本来以为很了解自己，有些东西可以培养，靠时间拉近。现在发现时间可以把人拉近，也可以把人推得更远。好感不能代替一切。

Xiàoxiao : Wǒ běnlái yǐwéi hěn liǎojiě zìjǐ, yǒuxiē dōngxi kěyǐ péiyǎng, kào shíjiān lājìn。Xiànzài fāxiàn shíjiān kěyǐ bǎ rén lājìn, yě kěyǐ bǎ rén tuīde gèng yuǎn。Hǎogǎn bùnéng dàitì yíqiè。

秦奋 : 懂了，你对我只是有好感，两个有好感的人住在一起，成不道德了。

Qínfèn : Dǒng le, nǐ duì wǒ zhǐ shì yǒu hǎogǎn, liǎng ge yǒu hǎogǎn de rén zhù zài yìqǐ, chéng bú dàodé le。

笑笑 : 你没不道德，我不道德，我利用了你的好感。

Xiàoxiao : Nǐ méi bú dàodé, wǒ bú dàodé, wǒ lìyòng le nǐ de hǎogǎn。

秦奋 : 你这么不道德多久了? 是从咱俩试婚头一天开始的么? 我还以为挺幸福呢。

Qínfèn : Nǐ zhème bú dàodé duō jiǔ le? Shì cóng zán liǎ shìhūn tóu yì tiān kāishǐ de me? Wǒ hái yǐwéi tǐng xìngfú ne。

笑笑 : 你觉得挺幸福的吗，咱们这些天?

Xiàoxiao : Nǐ juéde tǐng xìngfú de ma, zánmen zhè xiē tiān?

秦奋 : 我现在要求你，还来得及么? 谁动感情谁完蛋。

Qínfèn : Wǒ xiànzài yào qiú nǐ, hái láidejí me? Shéi dòng gǎnqíng shéi wándàn。

[단어]

- □ **培养** [péiyǎng] ⓢ 배양하다, 양성하다, 육성하다, 기르다, 키우다, 길러 내다
- □ **拉近** [lājìn] ⓢ 가까이 끌어당기다, 친한 체하다, 친근한 척 굴다
- □ **道德** [dàodé] ⓗ 도덕적이다 ⓜ 도덕, 윤리
- □ **不道德** [búdàodé] ⓗ 도덕적 기준에 맞지 않다, 비도덕적이다
- □ **来得及** [láidejí] ⓢ 늦지 않다, (시간이 있어서) 돌볼 수가 있다, 생각할 겨를이 있다, 제 시간에 대다
- □ **动感情** [dònggǎnqíng] 감정이 일어나다, 감동하다(북받치다, 촉발되다)
- □ **完蛋** [wándàn] ⓢ 끝장나다, 망하다, 결딴나다, 거덜나다

[설명]

- □ **靠时间拉近** : '시간에 의지해서 가까워지다'. '拉近'은 술보구조의 결과보어식.
- □ **推得更远** : '더욱 멀리 밀어내다'. 'V得AP'구조의 상태보어식.
- □ **成不道德了** : 형용사 '不道德'가 동사 '成'의 목적어가 되는 구조. 맨 뒤의 '了'는 상황·상태의 변화를 나타내는 어기조사.
- □ **你觉得挺幸福的吗?** : '的'는 서술문의 끝에 쓰여 불변·확인·긍정 등의 어기를 나타냄.
- □ **谁动感情谁完蛋** : '감정을 많이 주는 사람이 지는 거다'. '谁+VP_1, 谁+VP_2' -- '누가 VP_1 하면, 누가 VP_2한다', 즉 'VP1하는 사람이 VP2한다'.

19

剧情 숙소로 돌아온 두 사람, 샤오샤오의 두 발에 난 상처가 둘의 마음의 상처임을 암시한다. 샤오샤오는 자기를 향한 친펀의 애잔한 사랑을 느끼지만, 그러나 둘은 서로 애정의 간극을 확인하며 이내 이별을 결심한다.

笑笑: 你看，另外一只脚也是。其实咱们不是分手，是暂时分开一段时间，以后还有可能在一起。

Xiàoxiao : Nǐ kàn, lìngwài yì zhī jiǎo yě shì。Qíshí zánmen bú shì fēnshǒu, shì zànshí fēnkāi yíduàn shíjiān, yǐhòu hái yǒu kěnéng zài yìqǐ。

秦奋 : 你解放了，怎么还哭上了？要哭也是我该哭啊。哎呦，你怎么咬人呢？

Qínfèn : Nǐ jiěfàng le, zěnme hái kūshang le? Yào kū yě shì wǒ gāi kū a。Āiyōu, nǐ zěnme yǎo rén ne?

笑笑 : 你这人真是太讨厌了。

Xiàoxiao : Nǐ zhè rén zhēn shì tài tǎoyàn le。

秦奋 : 习惯吗？以后没人气你了。

Qínfèn : Xíguàn ma? Yǐhòu méi rén qì nǐ le。

[단어]

□ **其实** [qíshí] ㊮ 기실(은), 사실(은)

□ **分手** [fēnshǒu] ㊐ 헤어지다, 이별하다, (남녀가) 헤어지다, 이혼하다

□ **暂时** [zànshí] ㊊ 잠시, 잠깐, 일시

□ **分开** [fēnkāi] ㊐ 갈라지다, 떨어지다, 헤어지다, 분리되다, 나누다, 가르다

□ **一段** [yīduàn] ㊊ 시간이나 장소를 몇 개로 구분할 때 어느 한 구역, 일의 일단락, 한 절(節), 문장이나 노래 따위의 한 단락

□ **解放** [jiěfàng] ㊐ 해방하다, 속박에서 벗어나다, 자유롭게 하다, 억압에서 벗어나다

□ **咬** [yǎo] ㊐ 물다, 깨물다, 베물다, 떼어 먹다, 펜치로 꽉 집다

□ **气** [qì] ㊐ 화나게 하다, 노하다, 화내다. ㊊ 기체, 가스, 공기, 냄새, 호흡, 숨, 기운

[설명]

□ **其实咱们不是分手，是暂时分开一段时间** : '不是… ,(而)是…'. '…이 아니라, …이다'.

□ **怎么还哭上了?** : '哭上'은 'V+上'식 술보구조(述補構造). '上'은 앞 동사의 결과보어. 동작 행위 이후의 '완료, 결과, 실현, 도달' 등의 의미를 나타냄.

1. 동작의 완료--他**沏上**一杯茶, **点上**一支烟, 坐下来看报

2. 동작의 시작과 지속--我**爱上**她了 | 注意别**传染上**流感

3. 목적의 실현 및 결과--他一定会**考上**大学的 | 她们**过上**了好日子

□ **要哭也是我该哭啊** : '要'는 '만약', '만일', '…하면'. 일반적으로 '要'와 '就'가 각각 앞과 뒤 구절에 쓰여 '要…, 就…'형식으로 호응하나, 여기서는 '该'가 '要'와 호응하는 형태로 '만일 …하면, 마땅히…하다'의 의미로 사용되었음.

笑笑： 不习惯也得习惯了。我知道我可能犯了一个错误，以后再也找不到比你对我好的人了。

Xiàoxiao : Bù xíguàn yě děi xíguàn le。Wǒ zhīdào wǒ kěnéng fàn le yí ge cuòwù, yǐhòu zài yě zhǎobudào bǐ nǐ duì wǒ hǎo de rén le。

秦奋： 懂起事儿来比谁都懂事儿，混蛋起来比谁都混蛋，我是说我。你是找感情的，我是找婚姻的，咱俩起根儿就没碰在一块儿。

Qínfèn : Dǒngqǐ shìr lái bǐ shéi dōu dǒng shìr, húndànqilai bǐ shéi dōu húndàn, wǒ shì shuō wǒ。Nǐ shì zhǎo gǎnqíng de, wǒ shì zhǎo hūnyīn de, zán liǎ qǐgēnr jiù méi pèng zài yíkuàir。

笑笑： 这就是冤家吧，前世结的梁子，好又好不成，散又散不了。

Xiàoxiao : Zhè jiù shì yuānjia ba, qiánshì jié de liángzi, hǎo yòu hǎobuchéng, sàn yòu sànbu liǎo。

秦奋： 你还信这个呢，我信现世报。散买卖不散交情，我呸发明这句话的人。

Qínfèn : Nǐ hái xìn zhè ge ne, wǒ xìn xiànshìbào。Sàn mǎimai bú sàn jiāoqing, wǒ pēi fāmíng zhè jù huà de rén。

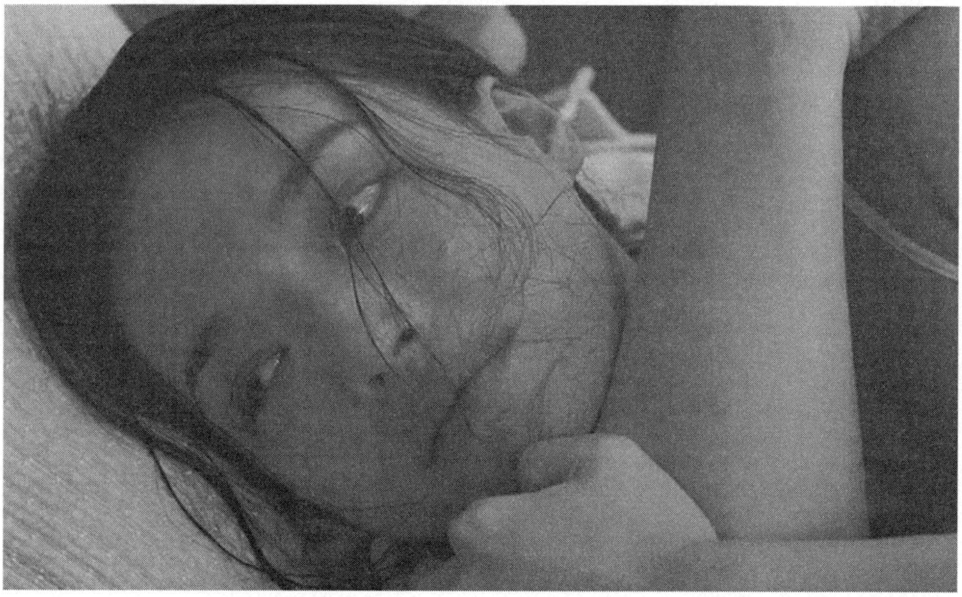

[단어]

□ **错误** [cuòwù] 명 착오, 잘못, 잘못된 사물이나 행위 형 부정확하다, 잘못되다

□ **懂事儿** [dǒngshìr] 형 철들다, 사리를 분별할 줄 알다, 세상 물정을 알다

□ **混蛋** [húndàn] 명 망할 놈, 어리석은 놈, 개새끼, 개자식, 머저리 같은 놈

□ **感情** [gǎnqíng] 명 감정, 정, 애정, 친근감

□ **起根儿** [qǐgēnr] 애초부터, 뿌리부터, 근본적으로

□ **碰** [pèng] 동 (우연히)만나다, 마주치다, 부딪치다, 충돌하다, 만지다, 건드리다

□ **冤家** [yuānjia] 명 원수, 적, 애인에 대한 애칭, 애증 관계에 있는 연인, 숙명적 연인

□ **结梁子** [jiéliángzi] 원수지다, 원한을 맺다, 결원(結怨)하다.

□ **现世报** [xiànshìbào] 명 현보, 순현보, 현세의 업인으로 현세에서 그 갚음을 받는 일

□ **呸** [pēi] 감 (경멸 또는 질책을 나타내어) 피!, 칫!, 흥!, 퉤!

[설명]

□ **以后再也找不到比你对我好的人了**: '比你对我好的人(당신보다 나에게 더 잘 해주는 사람' 전체가 '找不到(찾을 수 없다)'의 목적어임.

□ **懂起事儿来比谁都懂事儿**: '懂起事儿来'는 '懂事儿' 述目구조에 방향보어 '起来'가 결합된 형태. 목적어 '事儿'이 방향보어 '起来' 중간에 개입되었음.

□ **混蛋起来比谁都混蛋**: 'V+起来' 혹은 'A+起来'구조는 동작이나 상황이 시작된 후 계속되는 의미를 나타냄. '混蛋'은 명사이므로 '混蛋起来'는 일종의 문법파괴 현상임. 중국인들은 친구 간에 가끔 '你真混蛋'이라고 말할 때도 있음. 그러나 이것은 '你真(是)混蛋'에서 '是'가 생략된 형태로 볼 수도 있음.

□ **好又好不成, 散又散不了**: 여기서 '又'는 일종의 역접의미로 사용되어 '可是'의 뜻을 표현함. 의미는 '…하였으나 또', '그러나', '그렇지만', '그런데'. 他想去看足球赛, 又怕天要下雨

□ **我呸发明这句话的人**: 일종의 문법파괴 현상으로서 '呸'를 마치 동사용법인양 사용했음. '그 말을 만든 녀석에게 침을 뱉고싶다'같은 느낌임. 물론 '我呸! 发明这句话的人....'으로 분리해서 이해할 수도 있음. '칫! 이 말을 만든 사람이란.....' 정도의 의미.

20

剧情 샤오샤오가 잠든 사이 친펀은 편지 한 장으로 이별을 고하고는 홀연히 떠나버린다. 잠에서 깬 샤오샤오는 친펀의 편지를 읽고 당혹감과 아쉬움에 절망한다.

《信件》

《Xìnjiàn》

秦奋：走了，记着你的好，也希望你想起我，不都是恶心。屋子我收拾过了，你走的时候什么都不用管，带上门走就行。就跟做了一场梦似的，咱俩结的梁子，解了。

Qínfèn : Zǒu le, jìzhe nǐ de hǎo, yě xīwàng nǐ xiǎngqǐ wǒ, bù dōu shì ěxīn。Wūzi wǒ shōushiguo le, nǐ zǒu de shíhou shénme dōu bú yòng guǎn, dàishang mén zǒu jiù xíng。Jiù gēn zuò le yì chǎng mèng shìde, zán liǎ jié de liángzi, jiě le。

[단어]

□ **不都是** [bùdōushì] 모두가(모든 것이) …인 것은 아니다

□ **恶心** [ěxin] ⑲ 오심, 구역질 ⑤ 구역이 나다, 속이 메스껍다, 오심이 나다, 혐오감을 일으키다

[설명]

□ **记着你的好** : '记着'→기억하고 있다, 알아보다(=认出).

□ **带上门走就行** : '带门' 문을 닫다. '带上门'은 'V上+O' 결과보어식.

□ **结的梁子** : '맺은 원한, 원수'. (结梁子=结仇[jiéchóu]).

21

《解说》

《Jiěshuō》

秦奋回北京后，笑笑也提前结束了休假，回到乘务队。她已经习惯了在飞机起落时，给秦奋打个电话报声平安。分手后，她仍然延续着这个习惯，起初秦奋也接电话，在电话里说几句吉祥话。后来就改互发短信了，字儿也越来越少，最后只剩下一个字。笑笑发'起'，'落'，秦奋回'安'，'妥'。这期间，秦奋的生活突然变得忙碌起来，和笑笑分手后，秦奋欣然答应了香山的邀请和一个叫轩轩的台湾女孩儿搭档，主持一档名曰"带你玩"的旅游节目。专门介绍北京的吃喝玩乐。这段日子，他和笑笑始终没有见面。

Qínfèn huí Běijīng hòu, Xiàoxiao yě tíqián jiéshù le xiūjià, huídào chéngwùduì。Tā yǐjīng xíguàn le zài fēijī qǐluò shí, gěi Qínfèn dǎ ge diànhuà bào shēng píng'ān。Fēnshǒu hòu, tā réngrán yánxùzhe zhè ge xíguàn, qǐchū Qínfèn yě jiē diànhuà, zài diànhuàli shuō jǐ jù jíxiánghuà。Hòulái jiù gǎi hù fā duǎnxìn le, zìr yě yuèláiyuè shǎo, zuìhòu zhǐ shèngxia yí ge zì。Xiàoxiao fā 'qǐ', 'luò', Qínfèn huí 'ān', 'tuǒ'。Zhè qījiān, Qínfèn de shēnghuó tūrán biànde mánglùqilai, hé Xiàoxiao fēnshǒu hòu, Qínfèn xīnrán dāying le Xiāngshān de yāoqǐng hé yí ge jiào Xuānxuān de Táiwān nǚháir dādàng, Zhǔchí yí dàng míng yuē "Dàinǐwánr" de lǚyóu jiémù。Zhuānmén jièshào Běijīng de chīhēwánlè。Zhè duàn rìzi, tā hé Xiàoxiao shǐzhōng méiyǒu jiànmiàn。

[단어]

□ **提前** [tíqián] ⓢ (예정된 시간·위치를) 앞당기다
□ **休假** [xiūjià] ⓜ 휴가 ⓢ 휴가를 보내다, 쉬다
□ **乘务队** [chéngwùduì] ⓜ 승무팀
□ **起落** [qǐluò] ⓢ 등락하다, 오르내리다
□ **延续** [yánxù] ⓢ 계속하다, 지속하다, 연장하다
□ **起初** [qǐchū] ⓜ 처음, 최초
□ **吉祥** [jíxiáng] ⓗ 상서롭다, 순조롭다, 운수가 좋다 ⓜ 상서로운 징조
□ **互** [hù] ⓑ 서로
□ **发** [fā] ⓢ 보내다, 건네주다, 교부하다, 발급하다, 부치다, 발송하다, 치다, 내주다
□ **短信** [duǎnxìn] ⓜ (휴대폰으로 보내는) 문자 메시지, 짧은 편지
□ **忙碌** [mánglù] ⓗ (정신없이) 바쁘다, 눈코 뜰 새 없다 ⓢ (어떤 일을) 서두르다, 서둘러 하다, 바쁘게 하다, 분주하게 하다
□ **欣然** [xīnrán] ⓗ 기쁨에 찬, 즐거운, 기꺼워하는 (모양) ⓑ 흔연히, 즐겁게, 기쁘게
□ **邀请** [yāoqǐng] ⓜ 초청 ⓢ 초청하다, 초대하다
□ **搭档** [dādàng] ⓢ 협력하다, 짝이 되다 ⓜ 협력자, 짝, 콤비, 파트너
□ **专门** [zhuānmén] ⓗ 전문적이다 ⓑ 전문적으로, 오로지, 특별히, 일부러
□ **吃喝玩乐** [chīhēwánlè] 성 먹고 마시고 놀며 즐기다, 무절제한 향락생활을 하다

[설명]

□ **提前结束了休假**: 동사 '提前'이 부사어로 작용하여 중심술어 '结束了'를 수식해 줌.
□ **她已经习惯了**: '了'는 상황·상태의 변화를 나타내는 어기조사. '습관이 돼버렸다'는 뜻.
□ **给秦奋打个电话报声平安**: '给秦奋打个电话'와 '报声平安'이 연동(連動)구조를 형성한다.
□ **改互发短信了**: '改……了'의 형식. '了'는 변화 표시 어기조사. '互发短信'이라는 동사구가 중심술어 '改'의 목적어가 됨. '서로 문자 보내는 것으로 바뀌게 되었다.'
□ **只剩下一个字**: 'V+下'형식에서 '下'는 다음 몇 가지의 의미를 표시한다. 1) 위에서 아래로 움직이는 동작의 방향을 표시 2) 행위나 동작의 지속 표시 3) 동작의 완성, 결과 이후의 안정, 고정된 상태 표시 4) 공간의 확보로 수용의 가능성을 표시.
□ **突然变得忙碌起来**: '갑자기 바빠져버렸다.' 'V得+VP'형태의 상태보어식(狀態補語式).
□ **秦奋欣然答应了香山的邀请和一个叫轩轩的台湾女孩儿搭档**: '答应'은 '香山的邀请'이라는 간접목적어와 '和一个叫轩轩的台湾女孩儿搭档'라는 직접목적어를 모두 거느린 구조.

22

剧情 친펀은 TV프로그램에서 진행자로 변신하여 바쁜 나날을 보내고, 샤오샤오는 어느 날 퇴근길 통근버스에서 우연히 친펀이 출연하는 프로그램을 시청하게 되면서 잠깐 상념에 잠긴다.

《在电视节目里》

《Zài diànshì jiémùli》

秦奋：轩轩。

Qínfèn : Xuānxuān。

轩轩：哎。

Xuānxuān : Āi。

秦奋：我发现把洗脚提升为一个产业，是咱们中国的一大发明。

Qínfèn : Wǒ fāxiàn bǎ xǐjiǎo tíshēngwéi yí ge chǎnyè, shì zánmen Zhōngguó de yí dà fāmíng。

轩轩：为什么这么说呢?

Xuānxuān : Wèishénme zhème shuō ne?

秦奋：虽然我们的环境卫生还比不上欧美的发达国家。但我们的个人卫生，毕竟是已经从脚做起了，不光洗，还捏，还用中药泡。

Qínfèn : Suīrán wǒmen de huánjìng wèishēng hái bǐbushàng ōuměi de fādá guójiā。Dàn wǒmen de gèrén wèishēng, bìjìng shì yǐjīng cóng jiǎo zuòqǐ le, bùguāng xǐ, hái niē, hái yòng zhōngyào pào。

轩轩：对，对，对对对! 这里的足底，号称是帝王般的服务，至尊的享受。捏一下儿别提有多舒服了，还保你一天的疲劳统统都可以消除。

Xuānxuān : Duì, duì, duìduìduì! Zhèli de zúdǐ, hàochēng shì dìwángbānde fúwù, zhìzūn de xiǎngshòu。Niē yíxiàr bié tí yǒu duō shūfu le, hái bǎo nǐ yì tiān de píláo tǒngtǒng dōu kěyǐ xiāochú。

[단어]

□ **提升** [tíshēng] ㉠ 진급하다, 진급시키다, 발탁하다

□ **产业** [chǎnyè] ㉮ 산업, 공업

□ **发明** [fāmíng] ㉮ 발명 ㉠ 발명하다, (창의적으로) 상세히 밝혀내다

□ **环境** [huánjìng] ㉮ 환경, 주위 상황(조건)

□ **卫生** [wèishēng] ㉮ 위생 ㉻ 위생적이다, 깨끗하다

□ **比不上** [bǐbushàng] ㉠ 비교할 수 없다, 비교가 되지 않다, …보다 못하다

□ **欧美** [Ōuměi] ㉮ 구미, 유럽과 미국

□ **发达国家** [fādáguójiā] ㉮ 선진국

□ **捏** [niē] ㉠ (손으로) 잡다, 쥐다, (엄지와 다른 손가락으로) 집다, 잡다, (손으로) 빚다, 빚어 만들다

□ **中药** [zhōngyào] ㉮ 중국 의약, 한약, 한방약

□ **泡** [pào] ㉠ 액체에 담가 두다 ㉮ 거품, 포말, 거품같이 생긴 것

□ **号称** [hàochēng] ㉠ …로 알려져 있다, …로 불리다, …로 유명하다

□ **帝王** [dìwáng] ㉮ 제왕, 군주

□ **般** [bān] ㉼ …같은, …와 같은 모양(종류)의, …와 같은 정도의

□ **至尊** [zhìzūn] ㉻ 지극히 존귀하다 ㉮ 지존, 가장 존귀한 사람이나 사물, 황제, 천자

□ **享受** [xiǎngshòu] ㉠ 누리다, 향유하다, 즐기다

□ **疲劳** [píláo] ㉻ 피곤(피로, 노곤)하다, 지치다

□ **统统** [tǒngtǒng] ㉭ 전부, 모두, 다

□ **消除** [xiāochú] ㉠ 없애다, 해소하다, 풀다, 제거하다, 일소하다, 청산하다, 퇴치하다

[설명]

□ **我发现把洗脚提升为一个产业，是咱们中国的一大发明**: '我'는 주어, '发现'은 문장 전체의 술어동사, 나머지는 모두 목적어가 됨. '발 씻는 것을 하나의 산업으로 승화시킨 것이 중국의 훌륭한 발명'이라는 사실을 '발견'하게 되었다는 의미.

□ **从脚做起**: '발부터 하기 시작하다'. 'V+起'에서 '起'는 보어로 사용되어 '동작의 시작'을 표시함. 从头学起 처음부터 배우기 시작하다 / 从何说起 뭐부터 얘기를 시작하나

□ **不光洗，还捏**: '不光'은 '…뿐 아니라', '…만 아니다'. 여기서는 뒤에 '还'와 호응함.

□ **足底**: 발바닥

秦奋：我理解帝王服务，就是把脚当脸至尊享受，就是脚还真以为自己是脸了。

Qínfèn : Wǒ lǐjiě dìwáng fúwù, jiù shì bǎ jiǎo dāng liǎn zhìzūn xiǎngshòu, jiù shì jiǎo hái zhēn yǐwéi zìjǐ shì liǎn le。

轩轩：喔，这完全体现了所有器官生而平等的理念。

Xuānxuān : Ō, zhè wánquán tǐxiàn le suǒyǒu qìguān shēng ér píngděng de lǐniàn。

秦奋：你知道是什么人愿意，在这一间屋半间炕里作威作福，找那种把自己捧在手心里的感觉？

Qínfèn : Nǐ zhīdào shì shénme rén yuànyì, zài zhè yì jiān wū bàn jiān kàngli zuòwēizuòfú, zhǎo nà zhǒng bǎ zìjǐ pěng zài shǒuxīnli de gǎnjué?

轩轩：有钱人？

Xuānxuān : Yǒuqián rén?

秦奋：穷人，恨自己穷过的人。翻身了最想干的就是变本加厉的使唤人，咱们中国倒退三十年都是穷人。所以洗脚这个行业在咱们中国特别有市场，也许在不久的将来，还能在创业板上市，跻身世界五百强。

Qínfèn : Qióngrén, hèn zìjǐ qióngguo de rén。Fānshēn le zuì xiǎng gàn de jiù shì biànběnjiālì de shǐhuan rén, zánmen Zhōngguó dàotuì sānshí nián dōu shì qióngrén。Suǒyǐ xǐjiǎo zhè ge hángyè zài zánmen Zhōngguó tèbié yǒu shìchǎng, yěxǔ zài bùjiǔ de jiānglái, hái néng zài chuàngyèbǎn shàngshì, jīshēn shìjiè wǔbǎi qiáng。

[단어]

□ **体现** [tǐxiàn] 동 구현하다, 체현하다, 구체적으로 드러내다 명 구현, 구체적인 표현
□ **器官** [qìguān] 명 (생물체의) 기관
□ **平等** [píngděng] 형 평등하다, 대등하다, 동일한 대우를 받다
□ **理念** [lǐniàn] 신념, 믿음, 관념, 생각, 이념
□ **炕** [kàng] 명 온돌, 방구들 동 (불에) 쬐다, 말리다
□ **作威作福** [zuòwēizuòfú] 성 통치자가 상벌을 기준 없이 마음대로 하다, 권세를 부리다, 전횡하다, 세도를 부리다
□ **捧** [pěng] 동 두 손으로 받쳐 들다, 받들다, 두 손으로 움켜 뜨다, 남에게 아첨하다, 치켜세우다, 추어올리다, 띄워 주다 양 움큼
□ **手心** [shǒuxīn] 명 수중, 손아귀, 손바닥(의 가운데), 지배, 통제
□ **穷人** [qióngrén] 명 가난뱅이, 가난한 사람
□ **恨** [hèn] 동 원망하다, 한하다, 증오하다, 적대시하다, 원수로 여기다 명 원한, 원망, 증오
□ **翻身** [fānshēn] 동 누운 채 몸을 굴리다, 이리저리 뒤집다, 뒤척이다, (압박의 고난에서) 해방되다, (낙후된 면모나 불리한 처지·상황 등을) 개변시키다, 고치다
□ **变本加厉** [biànběnjiālì] 성 본래의 것보다 더욱 발전하다, 본래보다 더욱 심각하게 되다
□ **使唤** [shǐhuan] 동 (남을) 시키다, 부리다, 심부름시키다, (도구, 가축을) 다루다, 부리다
□ **倒退** [dàotuì] 동 뒤로 물러나다, 뒷걸음치다, 후퇴하다, (시간을) 거슬러 올라가다
□ **行业** [hángyè] 명 직업, 직종, 업종, 공업·상업의 유별
□ **特别** [tèbié] 부 유달리, 각별히, 특별히, 아주, 특히, 더욱, 더군다나 형 특별하다, 특이하다, 별다르다, 보통이 아니다
□ **创业板** [chuàngyèbǎn] 명 차스닥 创业板市场(차스닥 시장)
□ **上市** [shàngshì] 동 시장에 가다, 출시되다, 물건이 시장에 나오다, [경제] 상장되다
□ **跻身** [jīshēn] 동 (어떤 대열·위치에) 들어서다, 몸을 담다

[설명]

□ **把脚当脸**: '발을 얼굴로 삼다(여기다)'.
□ **恨自己穷过的人**: 술목구조로 구성된 '恨'과 '自己穷过'가 '的'와 결합하여 관형어가 되어서 중심어 '人'을 수식하는 구조.
□ **特别有市场**: '市场'은 '시장'이 아니라, '환영받을 여지'라는 뜻.

香山：选几个有代表性的，躲着点儿脏乱差，下期就拍它了。八九期啊。

Xiāngshān : Xuǎn jǐ ge yǒu dàibiǎoxìng de, duǒzhe diǎnr zāngluànchà, xiàqī jiù pāi tā le。Bā jiǔ qī a。

轩轩：这地儿能拍么？现在都是伪前卫伪艺术了。

Xuānxuān : Zhè dìr néng pāi me? Xiànzài dōu shì wěiqiánwèi wěiyìshù le。

秦奋：能拍呀，下期就叫伪军大院呗。

Qínfèn : Néng pāi ya, xiàqī jiù jiào wěijūndàyuàn bei。

香山：哥哥，咱不较真儿，行么？咱能不一竿子打翻一船人么？

Xiāngshān : Gēge, zán bú jiàozhēnr, xíng me? Zán néng bú yì gānzi dǎfān yì chuán rén me?

秦奋：听见没有？说你呢！

Qínfèn : Tīngjiàn méiyǒu? Shuō nǐ ne!

香山：伪艺术也是艺术，伪前卫也是前卫。它就是再二刈子，它也是艺术家生的。一堆人盯着，准备把它拆了，改成电子城呢，咱们再不说点儿好听的，伪艺术都绝种了。

Xiāngshān : Wěiyìshù yě shì yìshù, wěiqiánwèi yě shì qiánwèi。Tā jiù shì zài èryìzi, tā yě shì yìshùjiā shēngde。Yì duī rén dīngzhe, zhǔnbèi bǎ tā chāi le, gǎichéng diànzǐchéng ne, zánmen zài bù shuō diǎnr hǎotīng de, wěiyìshù dōu juézhǒng le。

[단어]

□ 代表性 [dàibiǎoxìng] ⑲ 대표성
□ 躲 [duǒ] ⑤ 피하다, 숨다
□ 脏乱差 [zāngluànchà] ⑱ 더럽고 혼란스럽고 지저분하다
□ 拍 [pāi] ⑤ (사진을) 찍다, 촬영하다, (손바닥이나 납작한 것으로) 치다, 아첨하다
□ 伪 [wěi] ⑱ 거짓의, 허위의, 가장된, 비합법적인, 정통이 아닌, 꼭두각시의, 괴뢰의
□ 前卫 [qiánwèi] ⑱ 전위적이다 ⑲ 전위대
□ 艺术 [yìshù] ⑲ 예술 ⑱ 예술적이다, 미적이다
□ 军大院 [jūndàyuàn] 부대의 큰 마당, 연병장
□ 较真儿 [jiàozhēnr] ⑱ 정말로 여기다, 진담으로 여기다, 진지하다, 착실하다
□ 竿子 [gānzi] ⑲ 대나무 장대
□ 打翻 [dǎfān] ⑤ 때려 엎다, 뒤집어엎다, 뒤집어놓다, 뒤집히다, 전복되다
□ 二刈子 [èryìzi] 방 ⑲ 완전하지 못 한 것, 불완전한 것, 형편없는 것을 비유하는 말
□ 盯 [dīng] ⑤ 주시하다, 응시하다, 뚫어져라 쳐다보다
□ 拆 [chāi] ⑤ 헐다, 부수다, 해체하다, (붙여놓은 것을) 뜯다, 떼어내다
□ 电子城 [diànzichéng] ⑲ 전자상가, 사이버 시티
□ 绝种 [juézhǒng] ⑤ 멸종하다, 절종되다

[설명]

□ 躲着点儿脏乱差 : 형용사 '脏', '乱', '差'가 각각 독립적 의미로서 '躲着'의 목적어가 됨.
□ 伪前卫伪艺术 : '前卫'→'아방가르드(the avant-garde) : 기성의 예술 관념이나 형식을 부정하고 혁신적 예술을 주창한 예술운동. 전위예술(experimental art).
□ 一竿子打翻一船人 : '한 가지 측면을 가지고 전체를 개괄해버리다', '한 사람의 잘못으로 전체를 부정해버리다', '구부러진 것을 바로 잡다가 정도를 지나치다' 등의 뜻을 표현하는 부정적인 말.
□ 二刈子 : 북방지역 방언에서 사용하는 부정적인 칭호. 본래는 남자도 아니고 여자도 아닌 중성의 사람을 가리켰다. 생물학적인 석녀(石女 : 월경이 없거나, 선천적으로 자궁이나 질이 없어 완전하지 못 한 여성)나 음경(陰莖)이 없는 남성, 심지어는 극소수의 선천적 양성(兩性)기관을 가지고 태어난 사람을 칭하던 말이다.

轩轩：伪艺术它还是艺术么？

Xuānxuān : Wěiyìshù tā hái shì yìshù me?

香山：打住。轩轩，你不要跟他学，伪批判现实主义。人家都跟我急了，说请你们吃，请你们喝，请你们玩儿，到头来还损我们。哦，对了，你们还损人家客人来着，我问你，什么叫穷人？翻了身就变本加厉地使唤人。这是什么情况？

Xiāngshān : Dǎzhù。Xuānxuān, nǐ bú yào gēn tā xué, wěipīpàn xiànshízhǔyì。Rénjia dōu gēn wǒ jí le, shuō qǐng nǐmen chī, qǐng nǐmen he, qǐng nǐmen wánr, dàotóulái hái sǔn wǒmen。Ò, duì le, nǐmen hái sǔn rénjia kèrén láizhe, wǒ wèn nǐ, shénme jiào qióngrén? Fān le shēn jiù biànběnjiālìde shǐhuan rén。Zhè shì shénme qíngkuàng?

轩轩：我使劲儿往回说啦，我一直都是夸的嘛。

Xuānxuān : Wǒ shǐjìnr wǎnghuí shuō la, wǒ yìzhí dōu shì kuā de ma。

香山：别听不懂好赖话啊！

Xiāngshān : Bié tīngbudǒng hǎolài huà a!

秦奋：我说的也不全是歹话，只是温和地打镲。

Qínfèn : Wǒ shuō de yě bù quán shì dǎi huà, zhǐshì wēnhéde dǎchǎ。

[단어]

□ **打住** [dǎzhù] ⓓ 멈추다, 그만두다, 잠시 머물다

□ **批判** [pīpàn] ⓓ 비판하다, 지적하다, 질책하다, 꾸짖다, 나무라다, 비평하다, 장단점을 분석하다 ⓟ 비판적으로

□ **急** [jí] ⓗ (성미가) 급하다, 조급하다, 쉽게 화를 내다, 급하다, 빠르다. ⓓ 초조해하다, 안달하다, 조급하게 굴다, 서두르다

□ **到头** [dàotóu] ⓓ 극에 이르다, 맨 끝에 이르다 ⓟ 마침내, 결국

□ **损** [sǔn] ⓓ 심한 말로써 남을 비아냥거리다, 빈정거리다, 훼손하다, 손상시키다, 파손되다, 손실을 입히다, 손해를 끼치다, 손상을 주다

□ **使劲儿** [shǐjìn] ⓓ 힘을 쓰다, 힘껏 도와주다

□ **夸** [kuā] ⓓ 과대하다, 과장하다, 자랑하다, 허풍떨다, 칭찬하다

□ **好赖** [hǎolài] ⓗ 옳고 그르다, 좋고 나쁘다, 무엇이 좋고 무엇이 나쁜지

□ **歹话** [dǎihuà] 나쁜 말, 나쁜 이야기, 욕

□ **温和** [wēnhé] ⓗ (기후가)따뜻하다, 온난하다, (성격·태도·말투 등이)온화하다, 부드럽다

□ **打镲** [dǎchǎ] 방 ⓓ 농담하다

[설명]

□ **还损人家客人来着**: '저쪽 회사 손님들까지 욕했다면서'. '…来着'는 '…을 하고있었다', '…이었다'의 의미로 문말에 쓰여 이미 일어난 일을 회상하는 어기를 나타내는 어기사.

□ **我使劲儿往回说**: '我'는 주어, '使劲儿'과 '往回'는 부사어로서 중심어 '说'를 수식해준다.

□ **只是温和地打镲**: '打镲'는 톈진(天津)과 탕산(唐山) 일대 지역에서 사용하는 방언으로서 '사람을 가지고 놀다, 농담하다'의 의미이다. 또는 '사람을 난처하게 하다'의 뜻이 있다.

香山： 我也不认为奢侈就是高级，我也最恨至尊，帝王，皇家。我爷爷就是辛亥革命打响第二枪的人，但是你得在商言商啊。要不你就别拿人家钱，拿了钱还骂钱，那叫不义。同意我这观点么，哥哥？

Xiāngshān : Wǒ yě bú rènwéi shēchǐ jiù shì gāojí, wǒ yě zuì hèn zhìzūn, dìwáng, huángjiā。Wǒ yéye jiù shì Xīnhàigémìng dǎxiǎng dì'èr qiāng de rén, dànshì nǐ děi zàishāng yánshāng a。Yàobu nǐ jiù bié ná rénjia qián, ná le qián hái mà qián, nà jiào búyì。Tóngyì wǒ zhè guāndiǎn me, gēge?

秦奋： 打响第二枪的是谁呀？

Qínfèn : Dǎxiǎng dì'èr qiāng de shì shéi ya?

香山： 行，行，行，咱不往下讨论了，搁置争议。轩轩，下班了，你要注意了啊，别做了伪愤青还不自知。

Xiāngshān : Xíng, xíng, xíng, zán bù wǎng xià tǎolùn le, gēzhì zhēngyì。Xuānxuān, xiàbān le, nǐ yào zhùyì le a, bié zuò le wěifènqīng hái bú zìzhī。

轩轩： 哦。

Xuānxuān : Ò。

香山： 你晚上哪儿去啊？

Xiāngshān : Nǐ wǎnshang nǎr qù a?

秦奋： 没地儿去啊。

Qínfèn : Méi dìr qù a。

香山： 那跟我走吧。

Xiāngshān : Nà gēn wǒ zǒu ba。

[단어]

- □ **奢侈** [shēchǐ] ㉬ 사치하다, 낭비하다
- □ **高级** [gāojí] ㉬ (품질 또는 수준 등이) 고급인, (단계·급수 등이) 상급인, 고급인, 선임인
- □ **皇家** [huángjiā] ㉢ 황가, 황실
- □ **辛亥革命** [Xīnhàigémìng] 고 신해혁명, 1911년(辛亥年) 10월 10일 우창(武昌)에서 쑨원(孙文)이 영도하여 청(清)대 봉건통치를 무너뜨린 자산계급 민주주의 혁명
- □ **打响** [dǎxiǎng] ㉣ 개전하다, 전투가 시작되다, 초보적인 성공을 거두다
- □ **义** [yì] ㉢ 의, 정의, 올바른 도리, 의로운 일, 정의에 합당한 행동
- □ **搁置** [gēzhì] ㉣ 놓다, 내버려 두다, 보류해 두다, 그만두다
- □ **争议** [zhēngyì] ㉣ 쟁의하다, 논의하다, 쟁론하다, 논쟁하다 ㉢ 이견, 다른 의견
- □ **下班** [xiàbān] ㉣ 근무 시간이 끝나다, 퇴근하다
- □ **愤青** [fènqīng] 분노하는 청년, 사회적 책임과 애국심이 강하며 각종 사회적 병폐에 불만을 가지고 있는 젊은이들에 대한 통칭. 20~30대의 젊은층을 가리킴.
- □ **自知** [zìzhī] 스스로 알다

[설명]

- □ **打响第二枪的人** : 전장에서 공격명령 신호로 첫 발이 발사되면 병사들이 뒤이어 일제히 제2발을 발사하게 된다. 즉, 이는 '앞장 선 사람의 꽁무니를 좇아 뒷북을 치다' 정도의 의미로 비유될 수 있다.
- □ **在商言商** [zàishāngyánshāng] : 판매자는 장사하는 사람의 입장에서 말하기 마련이다, 즉 시장경제의 각도에서 문제를 보고 얘기한다.
- □ **伪愤青还不自知** : '愤青'은 본래 '愤怒青年'의 줄임말로서 1970년대에 이미 나온 말이다. 일반적으로 사회현상에 대해 불만을 가지고 있어 현실사회의 개혁을 원하는 청년들을 일컫는 말이며, 최근에는 인터넷상에서 많이 쓰이고 있다. '분노한 젊은이, 깨어있는 청년' 등으로 번역할 수 있다.

23

剧情 샤오샤오와 망궈가 함께 식사를 하러 간다.

《餐厅》
《Cāntīng》

服务员 : 您好，小姐，两位。
Fúwùyuán : Nínhǎo, xiǎojiě。

服务员 : 您请。
Fúwùyuán : Nín qǐng。

笑笑 : 谢谢! 谢谢。
Xiàoxiao : Xièxie, xièxie。

芒果 : 无糖、无盐、无能量。这是给人吃的吗?
Mángguǒ : Wú táng, wú yán, wú néngliàng。Zhè shì gěi rén chī de ma?

服务员 : 小姐，菜品都是开过光的，本店有法师坐堂，酒不醉人。
Fúwùyuán : Xiǎojiě, càipǐn dōu shì kāiguo guāng de, běndiàn yǒu fǎshī zuòtáng, jiǔ bú zuì rén。

笑笑 : 那咱俩多喝几杯吧。
Xiàoxiao : Nà zán liǎ duō hē jǐ bēi ba。

[단어]

□ **糖** [táng] ⓜ 설탕의 총칭, 사탕, 캔디

□ **盐** [yán] ⓜ 소금, 식염, 염

□ **能量** [néngliàng] ⓜ 에너지, 칼로리, (사람이 가지고 있는) 능력, 역량

□ **菜品** [càipǐn] ⓜ (주로 음식점 등에서 제공되는) 요리, 음식

□ **开光** [kāiguāng] ⓓ 개안(開眼)하다, 불상 완성 후 (불상에 씌운 붉은 비단을 벗기고) 첫 공양을 드리다, 이발하다, 머리를 빡빡 깎다, 수염을 깎다.

□ **法师** [fǎshī] ⓜ 법사, 승려나 도사에 대한 존칭

□ **坐堂** [zuòtáng] ⓓ 스님이 선원에서 좌선을 하다, 한의사가 약방에서 환자를 보다, 관리가 공당에 올라 안건을 심의하다.

[설명]

□ **这是给人吃的吗?** : 전체적으로는 '是……的'강조구문이며, '给人吃'는 '给+N+V'형식으로서 '给' 개사(介詞)로 사용되어 '…에게 …를 시키다, …토록하다'의 의미를 표현한다.

□ **菜品都是开过光的** : '开光'은 이합사(離合詞)이므로 중간에 '过'가 개입되었다.

□ **法师坐堂，酒不醉人** : 불교에서 법사(法師)는 사악한 것을 물리칠 수 있는 존재로 여겨진다. '开过光'이란 법사에 의해서 이미 어떤 주술이 가해졌음을 의미하며, 따라서 이 식당의 요리나 술에는 인간의 몸에 해악이 되는 사악한 기운이 이미 제거되었으므로 복통이나 설사 등의 부작용을 유발하지 않을 것이란 뜻을 설명하는 것이다.

24

剧情 썅산과 친펀은 경매장에 가서 술을 마시며 경매에 참여한다. 펭귄을 구하기 위한 자선경매에서 썅산은 터무니없이 엄청난 고가를 제시하여 술을 낙찰받는데.... 새롭게 전개될 어떤 상황을 암시하는 듯한 이야기가 전개된다.

《拍卖会》

《Pāimàihuì》

卖酒人：企鹅是我们的朋友，它们真的好可爱。可是，由于气候的变暖，北极冰川正在融化，一想到企鹅宝宝就要失去它们的家园，我的心都要碎了。希望台下的各位捐出你们的善心，救救可怜的企鹅。

Màijiǔrén : Qǐ'é shì wǒmen de péngyou, tāmen zhēnde hǎo kě'ài。Kěshì, yóuyú qìhòu de biànnuǎn, Běijí bīngchuān zhèngzài rónghuà, yì xiǎngdào qǐ'é bǎobao jiù yào shīqù tāmen de jiāyuán, wǒ de xīn dōu yào suì le。Xīwàng táixià de gèwèi juānchū nǐmen de shànxīn, jiùjiu kělián de qǐ'é。

主持人：感谢馨予的爱心。好了，各位亲爱的朋友，企鹅宝宝的命运现在就掌握在各位的手中。现在竞价开始。

Zhǔchírén : Gǎnxiè xīnyǔ de àixīn。Hǎo le, gèwèi qīn'ài de péngyou, qǐ'é bǎobao de mìngyùn xiànzài jiù zhǎngwò zài gèwèi de shǒu zhōng。Xiànzài jìngjià kāishǐ。

[단어]

- □ **企鹅** [qǐ'é] ⓜ 펭귄
- □ **气候变暖** [qìhòubiànnuǎn] ⓜ 기후온난화, 기온상승
- □ **冰川** [bīngchuān] ⓜ 빙하 (=冰河)
- □ **融化** [rónghuà] ⓓ (얼음·눈 따위가) 녹다, 융해되다
- □ **宝宝** [bǎobǎo] ⓜ 귀염둥이, 예쁜이, 어린아이 등에 대한 애칭
- □ **失去** [shīqù] ⓓ 잃다, 잃어버리다
- □ **家园** [jiāyuán] ⓜ 집의 정원, 고향, 가정
- □ **碎** [suì] ⓓ 부서지다, 깨지다, 박살내다, 부수다 ⓗ 자질구레하다, 부스러져 있다
- □ **捐** [juān] ⓓ 기부하다, 헌납하다, 부조하다, 던지다, 포기하다, 내버리다
- □ **善心** [shànxīn] ⓜ 선심, 착한 마음, 선량한 마음, 인정 많은 마음씨
- □ **可怜** [kělián] ⓗ 가련하다, 불쌍하다 ⓓ 동정하다, 연민하다
- □ **命运** [mìngyùn] ⓜ 운명, 장래, 전도
- □ **掌握** [zhǎngwò] ⓓ 숙달하다, 정통하다, 파악하다, 정복하다, 장악하다, 통제하다, 지배하다, 주재하다, 주도하다, 결정하다
- □ **竞价** [jìngjià] ⓓ 가격을 경쟁하다

[설명]

- □ **它们真的好可爱** : '真的'와 '好' 모두 '可爱'를 수식하는 부사어. '好'는 형용사나 동사 앞에 쓰여 정도가 심함을 표현하며, '매우, 꽤, 퍽, 아주, 정말로' 등의 의미를 나타낸다.
- □ **气候的变暖** : '变暖'은 본래 술어 '变'과 보어 '暖'이 결합되어 생성된 결과보어식의 단어. 사용 빈도의 증가로 인하여 현재는 하나의 단어로 정착되었다.
- □ **一想到企鹅宝宝就要失去它们的家园** : '一……, 就……' 용법. '…하기만 하면, 곧 …하다'.
  一学就会 | 一听**就**明白 | 一推**就**倒 | 她一听到这音乐, **就**想起过去的那男人来
- □ **我的心都要碎了** : '要……了'는 행동이나 사건이 장차 발생할 것임을 표현함. '……하려 하고 있다, 막 ……하려 하다, ……할 것이다'의 의미. '快……了'와 '快要……了'도 모두 같은 의미.
  (快)**要**下雨**了** | 这棵树**要**死**了** | 天**快**黑**了**
- □ **馨予爱心** : '馨予[xīnyǔ]'는 여기서 회사의 명칭을 나타내는 고유명사이다.

某男人1：五万。

Mǒunánrén yī : Wǔ wàn。

主持人：好，这边朋友，五万。

Zhǔchírén : Hǎo, zhè biān péngyou, wǔ wàn。

某男人2：十万。

Mǒunánrén èr : Shí wàn。

主持人：来，这边十万。

Zhǔchírén : Lái, zhè biān shí wàn。

某男人3：十五万。

Mǒunánrén sān : Shíwǔ wàn。

主持人：后面的这位先生，现在是十五万。

Zhǔchírén : Hòumiàn de zhè wèi xiānsheng, xiànzài shì shíwǔ wàn。

某男人4：二十万。

Mǒunánrén sì : Èrshí wàn。

主持人：二十万，现在。

Zhǔchírén : Èrshí wàn, xiànzài。

某男人5：二十一万。

Mǒunánrén wǔ : Èrshíyī wàn。

主持人：您是二十一万。

Zhǔchírén : Nín shì èrshíyī wàn。

主持人：李先生，您的意思是加价五万？那您的意思是五十万？好，李先生叫价五十万。是否有其他朋友要继续加价？

Zhǔchírén : Lǐxiānsheng, nín de yìsi shì jiājià wǔ wàn? Nà nín de yìsi shì wǔshí wàn? Hǎo, Lǐxiānsheng jiàojià wǔshí wàn。Shìfǒu yǒu qítā péngyou yào jìxù jiājià?

[단어]

□ **加价** [jiājià] (동) 가격을 올리다

□ **叫价** [jiàojià] (동) (경매에서) 가격을 부르다, (판매자가) 값을 부르다, 매출가격을 알리다, 오퍼(offer)를 내다

□ **是否** [shìfǒu] (부) …인지 아닌지

[설명]

□ **是否有其他朋友要继续加价?** : '是否'는 주로 서면어에서 사용된 부사어였으나, 현재는 구어에서도 많이 사용됨. 他**是否**能来, 还不一定 | **是否**有当

秦奋：你没事儿吧？疯啦？

Qínfèn : Nǐ méishìr ba? Fēng la?

香山：有事儿，想喝酒。

Xiāngshān : Yǒushìr, xiǎng hē jiǔ。

主持人：五十万一次，五十万二次，五十万三次，成交！有请，馨予将拍品赠予李先生。

Zhǔchírén : Wǔshí wàn yí cì, Wǔshí wàn èr cì, Wǔshí wàn sān cì, chéngjiāo! Yǒuqǐng, Xīnyǔ jiāng pāipǐn zèngyǔ Lǐxiānsheng。

卖酒人：企鹅宝宝终于有救了，谢谢你。

Màijiǔrén : Qǐ'é bǎobao zhōngyú yǒujiù le, xièxie nǐ。

香山：别着急，北极一时半会儿融化不了。就是融化了，企鹅宝宝也会没事儿的。

Xiāngshān : Bié zháojí, Běijí yìshíbànhuìr rónghuàbuliǎo。Jiù shì rónghuà le, qǐ'é bǎobao yě huì méishìr de。

卖酒人：怎么会没事儿呢？

Màijiǔrén : Zěnme huì méishìr ne?

香山：我能问你一个问题么？

Xiāngshān : Wǒ néng wèn nǐ yí ge wèntí me?

卖酒人：嗯。

Màijiǔrén : Ēn。

香山：北极熊为什么不吃企鹅宝宝呢？

Xiāngshān : Běijíxióng wèishénme bù chī qǐ'é bǎobao ne?

卖酒人：是好像没有听说有吃过啊。为什么呢？

Màijiǔrén : Shì hǎoxiàng méiyǒu tīngshuō yǒu chīguo a。Wèishénme ne?

香山：是啊，为什么呢？

Xiāngshān : Shì a, Wèishénme ne?

卖酒人：那你知道吗？北极熊为什么不吃企鹅宝宝呢？

Màijiǔrén : Nà nǐ zhīdào ma? Běijíxióng wèishénme bù chī qǐ'é bǎobao ne?

秦奋 : 因为企鹅宝宝生活在南极, 它跟北极熊见不着面。

Qínfèn : Yīnwèi qǐ'é bǎobao shēnghuó zài Nánjí, tā gēn běijíxióng jiànbuzháo miàn。

卖酒人 : 你们好讨厌啊。

Màijiǔrén : Nǐmen hǎo tǎoyàn a。

[단어] ——————

□ **疯** [fēng] ⓗ 미치다, 제정신이 아니다 ⓓ 정신없이 놀다, 신나게 놀다, 아무 생각 없이 놀기만 하다

□ **成交** [chéngjiāo] ⓓ 거래가 성립하다, 매매가 성립되다

□ **拍品** [pāipǐn] ⓜ 경매물

□ **赠予** [zèngyǔ] ⓓ 증여하다

□ **有救** [yǒujiù] ⓓ 구제할 수 있다, 치료될 수 있다

□ **北极熊** [běijíxióng] ⓜ 북극곰, 흰 곰, 백곰

□ **南极** [nánjí] ⓜ 남극, (자석의) 남극, S극

[설명] ——————

□ **有请馨予将拍品赠予李先生** : '有请'은 '어서 들어오십시오, 만나뵙기를 바랍니다' 등의 의미로 무대 위에서 사회자가 상투적으로 잘 쓰는 말이다.

□ **企鹅宝宝终于有救了** : '了'는 상황, 상태의 변화를 나타내는 어기조사.

□ **一时半会儿融化不了** : '一时半会儿'은 '단시간, 잠깐 사이, 잠깐 동안, 금방'의 의미. (=一时半刻). 'V不了'는 동사의 동작이 완료, 완결될 수 없음을 나타냄. '…할 수 없다.'

□ **我能问你一个问题么?** : '能'은 주로 '가능'의 의미로 사용되는 조동사이지만, 여기서는 '허가'의 의미를 표시한다. 那儿可以抽烟, 这儿不**能** | 街上不**能**吐痰 | 你不**能**这么不负责任

□ **它跟北极熊见不着面** : 'V不着'는 '…할 수 없다, …하지 못하다, 하지 마라'. 동사 뒤에 사용되어 목적을 이루지 못 함을 나타내는 보어로 쓰인다. 睡**不着**觉 | 我个子矮, 抓**不着**

25

剧情 샤오샤오는 망궈와 함께 술을 마시며 반지를 친펀에게 돌려주라고 부탁한다. 그러나 망궈로부터 뜻밖의 얘기를 듣고 친펀이 아직 자기를 사랑하고 있음을 직감하며 난처한 마음이 더욱 복잡해진다. 한편, 샹산은 친펀과 술을 마시며 자신이 불치의 병에 걸렸음을 고백하는데.....

《餐厅》

《Cāntīng》

笑笑 : 你帮我还给他吧。

Xiàoxiao : Nǐ bāng wǒ huán gěi tā ba。

芒果 : 这事儿我可管不了，你还是自己还吧。他也没往回要，你就留着呗。

Mángguǒ : Zhè shìr wǒ kě guǎnbuliǎo, nǐ háishì zìjǐ huán ba。Tā yě méi wǎnghuí yào, nǐ jiù liúzhe bei。

笑笑 : 不合适。伤了人心，就别破人家的财了。

Xiàoxiao : Bù héshì。Shāng le rénxīn, jiù bié pò rénjia de cái le。

芒果 : 我怎么觉得你们俩散不了呢？一提起对方，话都说的特仗义。你知道你是他人寿保险的受益人吗？唯一的。前两天我碰见他，我问他要不要改个受益人。你知道他说什么么？他说为什么要改啊？

Mángguǒ : Wǒ zěnme juéde nǐmen liǎ sànbuliǎo ne? Yì tíqǐ duìfāng, huà dōu shuō de tè zhàngyì。Nǐ zhīdào nǐ shì tā rénshòubǎoxiǎn de shòuyìrén ma? Wéiyī de。Qiánliǎngtiān wǒ pèngjiàn tā, wǒ wèn tā yào bú yào gǎi ge shòuyìrén。Nǐ zhīdào tā shuō shénme me? Tā shuō wèishénme yào gǎi a?

笑笑 : 对不起人的滋味真难受，他还不如对我坏点儿呢。感情，勉强不来的。

Xiàoxiao : Duìbuqǐ rén de zīwèi zhēn nánshòu, tā hái bùrú duì wǒ huài diǎnr ne。Gǎnqíng, miǎnqiǎngbuláide。

[단어]

□ **管** [guǎn] 동 관할하다, 관리하다, 지키다 명 (원통형의) 관, 호스

□ **留** [liú] 동 보관하다, 보존하다, 간수하다, 보류하다, 머무르다, 묵다, 체재하다

□ **合适** [héshì] 형 적당하다, 적합하다, 알맞다

□ **伤心** [shāngxīn] 동 상심하다, 슬퍼하다, 마음아파하다

□ **破财** [pòcái] 동 (뜻밖에) 재물 피해를 입다, 돈을 쓰다

□ **仗义** [zhàngyì] 형 의리를 중시하다, 의리 있다 동 정의를 좇아 행동하다, 정의를 받들다

□ **碰见** [pèngjiàn] 동 (우연히) 만나다, 마주치다, 부딪치다

□ **滋味** [zīwèi] 명 속마음, 기분, 심정, 느낌, 좋은 맛, 향미, 맛

□ **勉强** [miǎnqiǎng] 형 간신히 …하다, 마지못하다, 내키지 않다, 견강부회하다, 억지스럽다, 억지 논리를 부리다, 억지 쓰다

[설명]

□ **他也没往回要** : '往回'는 '뒤로, 본래로, 원점으로'의 의미. 부사어로서 동사 '要'를 수식해준다.

□ **对不起人的滋味真难受** : '对不起人的滋味'이 문장 전체의 주어. 술목관계의 '对不起人'이 '的'와 결합하여 관형어가 되며, 중심어 '滋味'을 수식함.

□ **勉强不来的** : '…不来'는 '(경험, 습관, 학습상) 익숙치 못하여 할 수 없다'는 의미.

服务员：您请！这边坐。

Fúwùyuán : Nín qǐng! Zhè biān zuò。

服务员：先生，您好，菜单。不好意思，先生，我们这儿不能自带酒水。

Fúwùyuán : Xiānsheng, nín hǎo, càidān。Bùhǎoyìsi, xiānsheng, wǒmen zhèr bù néng zì dài jiǔshuǐ。

香山：给你开瓶费。不用菜单了，来一份茴香苹果沙拉，再来一份萨拉米。快点儿！

Xiāngshān : Gěi nǐ kāipíngfèi。Bú yòng càidān le, lái yí fèn Huíxiāngpíngguǒshālā, zài lái yí fèn Sàlāmǐ。Kuàidiǎnr!

服务员：好的。

Fúwùyuán : Hǎode。

香山：好酒！

Xiāngshān : Hǎo jiǔ!

秦奋：那也不值五十万呢，不过啦？

Qínfèn : Nà yě bù zhí wǔshí wàn ne, bú guò la?

香山：不过了。这叫黑色素瘤。听说过么？不治之症。全世界都拿它没辙，滋要是得了，只能等死，无药可医。让哥们赶上了。

Xiāngshān : Bú guò le。Zhè jiào Hēisèsùliú。Tīngshuōguo me? Búzhìzhīzhèng。Quánshìjiè dōu ná tā méizhé, zīyàoshi dé le, zhǐnéng děng sǐ, wúyàokěyī。Ràng gēmen gǎnshang le。

秦奋：知道多长时间了？

Qínfèn : Zhīdào duō cháng shíjiān le?

[단어]

□ **开瓶费** [kāipíngfèi] ⓜ 병을 따는 비용, 식당에서 자기가 가져온 술을 마실 때 지불하는 비용.

□ **茴香** [huíxiāng] ⓜ 회향, 팔각회향, 팔각회향의 열매

□ **萨拉米** [Sàlāmǐ] ⓜ 살라미 소시지, 훈제가 아닌 이탈리아식 저온건조 소시지

□ **值** [zhí] ⓗ …할 가치가 있다, …할 만하다 ⓓ (물건이) …한 가치에 상당하다, …의 값어치가 나가다 ⓜ 가치, 가격, 값

□ **黑色素瘤** [hēisèsùliú] ⓜ 흑색종양 黑色素 : 멜라닌(melanin)

□ **没辙** [méizhé] ⓓ 방법이 없다, 어찌할 수 없다, 방도가 없다. '没办法'의 베이징식 표현.

□ **一旦** [yídàn] ⓑ 일단 …한다면 ⓜ 하루아침, 잠시, 잠깐, 삽시간

□ **不治之症** [búzhìzhīzhèng] 불치병, 제기할 수 없는 우환이나 폐단

□ **无药可医** [wúyàokěyī] 고칠 약이 없다

□ **哥们(儿)** [gē·menr] ⓜ (친구 사이에 친밀감을 내포한 호칭), 형제들, 형제같은(절친한, 둘도 없는) 친구, 단짝

[설명]

□ **不过了** : '안 살거야'. '过' 뒤에 '日子'가 생략되었음. '不过日子了'

□ **全世界都拿它没辙** : '拿'는 개사이며, '…(으)로, …에, …을(를)'.

□ **滋要是得了** : '滋要是'는 '只要是'의 베이징식 표현. '단지 …이기만 하면'.

□ **让哥们赶上了** : '哥们' 은 친한 친구 사이의 호칭인데, 여기서는 주인공이 상대방 앞에서 자기 자신을 가리키며 말하는 것임. '赶上'의 '上'은 'V+上'용법. 동작, 행위가 실현되거나 어떤 목적에 도달하여 결과가 생성됨을 표현함.

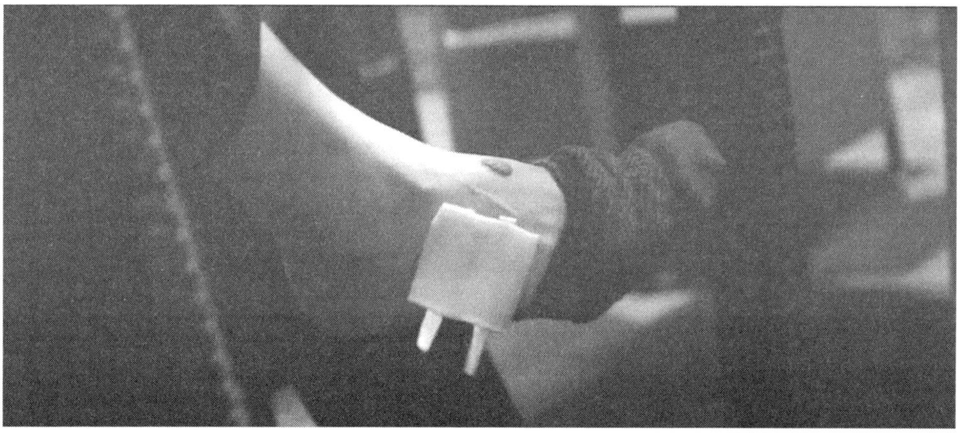

香山： 痣是从小就有，后来变成瘤，觉着不舒服，去医院，从医院确诊到现在差不多俩礼拜。你随意。

Xiāngshān : Zhì shì cóng xiǎo jiù yǒu, hòulái biànchéng liú, juézhe bù shūfu, qù yīyuàn, cóng yīyuàn quèzhěn dào xiànzài chàbuduō liǎ lǐbài。Nǐ suíyì。

秦奋： 那到别的医院查查啊!

Qínfèn : Nà dào biéde yīyuàn cháchа a!

香山： 不治了，我想有尊严的死。奋，这不是病啊，这是命。我的命找我来了，只能从命。我要说咱俩是那种知心不换命的，能托孤不宜托妻的朋友，算是瞎说吗?

Xiāngshān : Bú zhì le, wǒ xiǎng yǒu zūnyán de sǐ。Fèn, zhè bú shì bìng a, zhè shì mìng。Wǒ de mìng zhǎo wǒ lái le, zhǐ néng cóngmìng。Wǒ yào shuō zán liǎ shì nà zhǒng zhīxīn bú huàn mìng de, néng tuō gū bù yí tuō qī de péngyou, suànshì xiāshuō ma?

秦奋： 妻不用托，妻都好着呢。没咱们倒能多活几年。酒真壮口。你说吧，这世上还有什么放不下的。

Qínfèn : Qī bú yòng tuō, qī dōu hǎozhe ne。Méi zánmen dào néng duō huó jǐ nián。Jiǔ zhēn zhuàngkǒu。Nǐ shuō ba, zhè shìshàng hái yǒu shénme fàngbuxià de。

[단어]

□ **痣** [zhì] ⑲ 사마귀, 점, 모반

□ **从小** [cóngxiǎo] ⑮ 어린 시절부터, 어릴 때부터

□ **瘤** [liú] ⑲ 혹, 종양, 종기

□ **随意** [suíyì] ⑮ 마음대로, 뜻대로, 내키는 대로, 하고 싶은 대로 ⑧ 생각대로 하다, 뜻대로 하다, 원하는 대로 하다

□ **治** [zhì] ⑧ 처리하다, 다스리다, 관리하다, 손질하다, 정비하다, 치료하다, 처벌하다, 징벌하다, 처단하다

□ **尊严** [zūnyán] ⑲ 존엄 ⑳ 존귀하고 장엄하다, 존엄하다

□ **托孤** [tuōgū] ⑧ 임종시 어린 자식을 남에게 부탁하다, 탁고하다, 임금이 죽기 전에 어린 황태자를 신하에게 부탁하다

□ **宜** [yí] ⑳ 적당(적합·적절)하다, 알맞다 ⑧ …에 적합하다, 부합하다, 알맞다, 적절하다, 어울리다, 마땅히(당연히·응당) …해야 한다

□ **换** [huàn] ⑧ 교환하다, 갈다, 바꾸다, 교체하다

□ **瞎说** [xiāshuō] ⑧ 함부로 말하다, 마구 지껄이다, 허튼소리를 하다, 무책임한 말을 하다

□ **壮** [zhuàng] ⑳ 튼튼하다, 혈기가 왕성하다, 건장하다, 웅장하다

[설명]

□ **从医院确诊到现在**: '从~到~'용법. '~(로)부터 ~까지'.

□ **托孤不宜托妻**: 일반적인 친구 사이보다는 좋은 믿을 만한 관계, 시간이 있으면 상대방의 아이를 돌봐줄 수 있는 정도의 사이. 그러나 아내를 맡길 정도로 완전히 믿을 만한 관계는 아닌 사이를 말함.

□ **知心不换命**: 상대방의 속마음을 잘 이해해주는 친구, 즉 '知己'라고 할 수는 있으나, 상대를 위해 커다란 희생까지 감수해낼 만한 사이는 아닌 친구 사이를 말함.

□ **没咱们倒能多活几年**: '没'는 '没有', '倒'는 '반대의, 거꾸로, 상반되는' 의미의 부사어.

□ **壮口**: 술맛이 매우 강렬함. 한 모금 마시면 입 안을 자극하여 타들어가는 듯한 느낌을 주는 맛.

□ **放不下**: '내려놓을 수 없다'. '放下'에 '不'가 삽입되어 가능보어식이 됨. 'V+下'형식에서 '下'는 위에서 아래로 움직이는 동작의 방향을 표시함.

香山： 有几样。这第一呢，就是我这公司，就得全交给你了。你先别说，先别说，先听我说。我呢，在这个世上就你这么一个信得过的朋友。除了你，我无人可托。也还就是你不会亏待我这帮员工。这帮孩子跟了我这么多年了，我不能撒手不管。

Xiāngshān : Yǒu jǐ yàng。Zhè dì yī ne, jiù shì wǒ zhè gōngsī, jiù děi quán jiāo gěi nǐ le。Nǐ xiān bié shuō, xiān bié shuō, xiān tīng wǒ shuō。Wǒ ne, zài zhè ge shìshàng jiù nǐ zhème yí ge xìndeguò de péngyou。Chúle nǐ, wǒ wú rén kě tuō。Yě hái jiù shì nǐ bú huì kuīdài wǒ zhè bāng yuángōng。Zhè bāng háizi gēn le wǒ zhème duō nián le, wǒ bù néng sāshǒu bù guǎn。

秦奋： 我不会挣钱，我都退休了。

Qínfèn : Wǒ bú huì zhèngqián, wǒ dōu tuìxiū le。

香山： 那你就赔钱，赔钱你会吧？

Xiāngshān : Nà nǐ jiù péiqián, péiqián nǐ huì ba?

秦奋： 我先给你维持一阵。你不还有个女儿呢么？川川，传给她得了，我给咱闺女当顾问。

Qínfèn : Wǒ xiān gěi nǐ wéichí yí zhèn。Nǐ bù hái yǒu ge nǚér ne me? Chuānchuān, chuángěi tā dé le, wǒ gěi zán guīnü dāng gùwèn。

[단어]

□ **交给** [jiāogěi] ㊍ …에게 건네주다, …에게 맡기다, …에게 제출하다
□ **信得过** [xìndeguò] ㊍ 믿다, 믿을 만하다
□ **亏待** [kuīdài] ㊍ 푸대접하다, 부당하게 대하다, 박대하다
□ **帮** [bāng] 양 무리, 떼 ㊔ 무리, 집단, 조직, 패 ㊍ 돕다, 거들다
□ **员工** [yuángōng] ㊔ 직원과 공원, 종업원
□ **撒手** [sāshǒu] ㊍ 손을 놓다, 손을 풀다, 손을 떼다, (완곡한 표현) 죽다, 명을 달리하다
□ **挣钱** [zhèngqián] ㊍ 돈을 벌다
□ **退休** [tuìxiū] ㊍ 퇴직하다, 퇴임하다, 은퇴하다
□ **赔钱** [péiqián] ㊍ 밑지다, 손해를 보다, 적자가 생기다, (돈으로) 보상하다, 배상하다, 변상하다, 물어주다, 갚아 주다
□ **维持** [wéichí] ㊍ 유지하다, 지키다, 지지하다, 후원하다, 돌보다, 원조하다, 보호하다
□ **阵** [zhèn] 양 바탕, 차례
□ **闺女** [guīnü] ㊔ 딸, 처녀, 규방아가씨
□ **顾问** [gùwèn] ㊔ 고문(顧問)

[설명]

□ **全交给你了**:'모두 당신에게 넘겨주겠다'. '交给'는 'V+给'의 형식으로 본래 두 개의 동사로 이루어진 동사구였으나, 사용빈도가 높아져 하나의 관용적인 동사로 변화했음.
'给'는 동사 뒤에 사용되어 '주다', '바치다'의 의미로 사용됨.
□ **就你这么一个信得过的朋友**:'就'는 부사로서 '오직, 단지, 다만, 오로지, …뿐'의 의미.
□ **无人可托**:'没有人可以委托'의 준말로서 書面語적인 표현임.
□ **传给她**:'그녀에게 전해주다'. 위에서 언급한 'V+给' 형식.
□ **我给咱闺女当顾问**:'내가 딸에게 고문을 맡아주겠다'. 'V+给'의 '给'와 달리 '给+N+VP'구문을 형성하여 'N에게 VP해주다'의 의미를 나타냄.

香山：我呀，这辈子是跟钱着了大急了。川川，我绝不会让她为了钱，工作一分钟，就虚度光阴，不想干嘛就不干嘛。我给她存了一份信托基金，一辈子有三明治吃了。川川这孩子还是挺靠谱的，最近在读《资本论》呢。前两天给我打一电话说："爸爸，这个马克思还是很靠谱的，《共产党宣言》写得还是很牛的。"我觉得她将来没准能成为一共产主义者，我很欣慰，总比成一钱串子强。

Xiāngshān : Wǒ ya, zhè bèizi shì gēn qián zháo le dà jí le。Chuānchuān, wǒ jué bú huì ràng tā wèile qián, gōngzuò yì fēnzhōng, jiù xūdù guāngyīn, bù xiǎng gànmá jiù bú gànmá。Wǒ gěi tā cún le yí fèn xìntuō jījīn, yíbèizi yǒu sānmíngzhì chī le。Chuānchuān zhè háizi hái shì tǐng kàopǔ de, zuìjìn zài dú《Zīběnlùn》ne。Qiánliǎngtiān gěi wǒ dǎ yí diànhuà shuō : "bàba, zhè ge Mǎkèsī hái shì hěn kàopǔ de,《Gòngchǎndǎng xuānyán》xiěde hái shì hěn niú de。" Wǒ juéde tā jiānglái méizhǔnr néng chéngwéi yí gòngchǎnzhǔyìzhě, wǒ hěn xīnwèi, zǒng bǐ chéng yì qiánchuànzi qiáng。

秦奋：那就不需要财产了，倒也省心。

Qínfèn : Nà jiù bù xūyào cáichǎn le, dào yě shěngxīn。

香山：对了，还有一不省心的，我得跟你说说。

Xiāngshān : Duì le, hái yǒu yí bù shěngxīn de, wǒ děi gēn nǐ shuōshuo。

芒果：服务员，买单。

Mángguǒ : Fúwùyuán, mǎidān。

笑笑：等我一下儿。哎，洗手间在哪儿？

Xiàoxiao : Děng wǒ yíxiàr。Āi, xǐshǒujiān zài nǎr?

服务员：这边请，在左边。

Fúwùyuán : Zhè biān qǐng, zài zuǒbiān。

笑笑：前面？

Xiàoxiao : qiánmiàn?

[단어]

□ **虚度光阴** [xūdùguāngyīn] 허송세월을 하다, 시간을 헛되이 보내다

□ **信托** [xìntuō] (동) 신탁하다, 위탁하다, 믿고 맡기다, 위탁 업무를 맡다 (명) 신탁, 위탁

□ **基金** [jījīn] (명) 기금, 기본금, 펀드(fund)

□ **三明治** [sānmíngzhì] (명) 샌드위치

□ **资本论** [zīběnlùn] 고 자본론

□ **马克思** [Mǎkèsī] 고 마르크스

□ **共产党** [gòngchǎndǎng] (명) 공산당

□ **宣言** [xuānyán] (명) (국가·정당·단체·지도자 등의) 선언, (개인의) 선언, 성명

□ **牛** [niú] (형) 대단하다, 최고다, 짱이다 (명) 소, 완고하거나 거만한 성격, 황소고집

□ **没准儿** [méizhǔnr] (동) …일지도 모른다, 아마 …일 것이다, …할 가능성이 있다 (형) 믿을 수 없다, 종잡을 수 없다, 확실하지 않다, 불분명하다

□ **欣慰** [xīnwèi] (형) 기쁘고 안심이 되다, 기쁘고 위안이 되다

□ **钱串子** [qiánchuànzi] (명) 구두쇠, 깍쟁이, 수전노, 옛날에 엽전을 꿰던 끈, 돈꿰미

□ **财产** [cáichǎn] (명) (금전·물자·가옥 등의) 재산, 자산

□ **省心** [shěngxīn] (동) 근심을 덜다, 시름을 놓다

□ **买单** [mǎidān] (명) 계산서, 매입 영수증, 주문서 (동) 계산하다, 지불하다, 환산하다

□ **洗手间** [xǐshǒujiān] (명) 화장실

[설명]

□ **跟钱着了大急了** : '돈에 크게 얽매여 살아왔다'. '着急'는 '조급해하다, 안달하다, 안타까워하다, 초조해하다, 마음을 졸이다'. '着急'에서 '急'에 관형어 '大'가 개입된 형태. '~了~~了'는 'V+了$_1$+O+了$_2$'형식. '了$_1$'는 동태조사, '了$_2$'은 어기조사. 동작의 완성과 상황의 변화를 동시에 표현하는 구문임.

□ **绝不会** : '절대 ~하지 않을 것이다'. '绝'는 정도부사로서 '극히, 몹시, 가장, 제일, 아주, 매우', '不会'는 '~할 수 없다, ~할 줄 모른다, ~일 리 없다'의 의미.

□ **不想干嘛就不干嘛** : '想~就~(~하고싶으면 곧 ~하다)'구문. '干嘛'는 '~하다', '무엇을 하다'.

□ **一辈子有三明治吃** : '일평생 샌드위치를 먹을 것이다'→'평생 먹고사는 데는 별 문제 없을 것이다'.

□ **总比成一钱串子强** : '比+VP+A'형식의 비교구문. 'VP되는 것보다 A하다'의 의미를 표현함.

笑笑：你怎么在这儿啊？什么？

Xiàoxiao : Nǐ zěnme zài zhèr a? Shénme?

秦奋：人生很短。

Qínfèn : Rénshēng hěn duǎn。

笑笑：嗯。

Xiàoxiao : Ēn。

秦奋：一了百了，早死早托生。

Qínfèn : Yìliǎobǎiliǎo, zǎo sǐ zǎo tuōshēng。

笑笑：诶诶诶，脖子断了。

Xiàoxiao : Èi èi èi, bózi duàn le。

秦奋：香山，不行了。

Qínfèn : Xiāngshān, bù xíng le。

笑笑：香山怎么了？

Xiàoxiao : Xiāngshān zěnme le?

秦奋：香山，不行了。

Qínfèn : Xiāngshān, bù xíng le。

笑笑：来，先起来。

Xiàoxiao : Lái, xiān qǐlai。

秦奋：说没就没了，说散就散了。

Qínfèn : Shuō méi jiù méi le, shuō sàn jiù sàn le。

服务员：你爸喝多了吧？

Fúwùyuán : Nǐ bà hēduō le ba?

笑笑：帮我扶他起来吧。

Xiàoxiao : Bāng wǒ fú tā qǐlai ba。

[단어]

□ **早死** [zǎosǐ] ⓓ 일찍 죽다

□ **托生** [tuōshēng] ⓓ 탁생하다, 다시 태어나다. (前世의 인연으로 중생이 母胎에 몸을 붙여 다시 태어나는 것을 가리킴)

□ **脖子** [bózi] ⓜ 목, (사람의 몸이나 기물에서) 목처럼 생긴 것

□ **喝多** [hēduō] ⓓ 취하다, 과음하다

[설명]

□ **一了百了，早死早托生**：'한 번 죽으면 모든 일이 끝나고, 일찍 죽으면 일찍 태어날 수 있다'.

□ **说没就没了，说散就散了**：'说~就~(~라 말하면 곧 ~되다)'.

□ **帮我扶他起来**：'帮'+'我扶他起来' 형식의 술목구조.

'我扶他起来'는 겸어문(兼語文)으로서 '주어(我)+술어동사(扶)+겸어(他)+起来'의 구조. 겸어 '他'는 전면동사 '扶'의 목적어이자 후면동사 '起来'의 주어.

芒果：谢谢。

Mángguǒ : Xièxie。

香山：哎!

Xiāngshān : Āi!

服务员：您好。

Fúwùyuán : Nín hǎo。

香山：卫生间在哪儿?

Xiāngshān : Wèishēngjiān zài nǎr?

服务员：左边走。

Fúwùyuán : Zuǒbiān zǒu。

芒果：香山，你怎么在这儿啊?

Mángguǒ : Xiāngshān, nǐ zěnme zài zhèr a?

香山：你怎么也在这儿啊?

Xiāngshān : Nǐ zěnme yě zài zhèr a?

芒果：我跟笑笑来的。

Mángguǒ : Wǒ gēn Xiàoxiao lái de。

香山：我和秦奋来的。

Xiāngshān : Wǒ hé Qínfèn lái de。

芒果：傻乐什么? 你怎么又喝成这样啊? 怎么了，你?

Mángguǒ : Shǎ lè shénme? Nǐ zěnme yòu hēchéng zhèyàng a? Zěnme le, nǐ?

香山：我的亲人呢。

Xiāngshān : Wǒ de qīnrén ne。

[단어]

□ **卫生间** [wèishēngjiān] 명 화장실, 세면장

□ **傻乐** [shǎlè] 동 바보처럼 웃다, 실없이 웃다

□ **亲人** [qīnrén] 명 직계 친족, 배우자, 가까운 친척, 관계가 밀접하고 사이가 좋은 사람

[설명]

□ **喝成这样**: '喝成'은 'V+成' 결과보어식. 'V' 동작이 발생한 후 '~이 되다'라는 행위의 결과를 표시함.

□ **怎么了, 你?**: '你怎么了？'의 도치구문. 강조용법.

26

剧情 썅산의 죽음이 임박했음을 알게 된 후 이들은 한 바탕 홍역을 치뤘다. 술집에서 망연자실 밤을 지새우고는 새벽녘 잠을 깬 친펀, 자신을 밤새 지켜준 샤오샤오로부터 반지를 돌려 받게 되지만, 그러나 샤오샤오가 아직 자신에게 어떤 사랑의 여운을 가지고있음을 느낀다.

《酒吧》

《Jiǔbā》

笑笑 : 醒啦?

Xiàoxiao : Xǐng la?

秦奋 : 怎么睡这儿了? 香山呢?

Qínfèn : Zěnme shuì zhèr le? Xiāngshān ne?

笑笑 : 芒果送他走了。你不让动, 又不忍心把你一个人丢这儿, 只好陪着你了。

Xiàoxiao : Mángguǒ sòng tā zǒu le。Nǐ bú ràng dòng, yòu bù rěnxīn bǎ nǐ yí ge rén diū zhèr, zhǐhǎo péizhe nǐ le。

秦奋 : 怎么还有芒果呀? 我就记着跟你头顶着头。香山让你们来的?

Qínfèn : Zěnme hái yǒu Mángguǒ ya? Wǒ jiù jìzhe gēn nǐ tóu dǐngzhe tóu。Xiāngshān ràng nǐmen lái de?

笑笑 : 是命运捉弄我吧, 鬼使神差的。

Xiàoxiao : Shì mìngyùn zhuōnòng wǒ ba, guǐshǐshénchāi de。

秦奋 : 有人了, 是么?

Qínfèn : Yǒu rén le, shì me?

笑笑 : 见到你还是挺高兴的, 你不开心的样子让我挺难受的。你成功了, 我内疚了。"活着是一种修行", 这句话是人家送给我的, 现在我转送给你。这世上只有我最关心你, 最盼你好。以后不许不回我短信, 听见没?

Xiàoxiao : Jiàndào nǐ háishi tǐng gāoxìng de, nǐ bù kāixīn de yàngzi ràng wǒ tǐng nánshòu de。Nǐ chénggōng le, wǒ nèijiù le。"Huózhe shì yì zhǒng xiūxíng", zhè jù huà shì rénjia sònggěi wǒ de, xiànzài wǒ zhuǎnsòng gěi nǐ。Zhè shìshàng zhǐyǒu wǒ zuì guānxīn nǐ, zuì pàn nǐ hǎo。Yǐhòu bù xǔ bù huí wǒ duǎnxìn, tīngjiàn méi?

[단어]

□ **忍心** [rěnxīn] ⓢ 모질게 …하다, 냉정하게 …하다

□ **丢** [diū] ⓢ 잃다, 잃어버리다, 분실하다, (내)던지다, (내)버리다, 내버려 두다, 방치하다

□ **顶着** [dǐngzhe] ⓢ 머리로 이다, 받치다

□ **捉弄** [zhuōnòng] ⓢ 희롱하다, 농락하다, 조롱하다, 놀리다, 골리다

□ **鬼使神差** [guǐshǐshénchāi] 성 마치 귀신이 하는 일 같다, 귀신이 곡할 노릇이다

□ **成功** [chénggōng] ⓢ 성공하다, 이루다 ⓗ 성공적이다

□ **内疚** [nèijiù] ⓗ (양심의) 가책을 느끼다, 부끄러워하다

□ **修行** [xiūxíng] ⓢ 도를 닦다, 불법(佛法)을 배우다, 수행하다, 선행을 베풀고 덕을 쌓다

□ **转送** [zhuǎnsòng] ⓢ 전송하다, 전달하다, 전해 주다

□ **关心** [guānxīn] ⓢ (사람, 사물에 대해) 관심을 갖다, 관심을 기울이다

□ **盼** [pàn] ⓢ 바라다, 희망하다, 보다

[설명]

□ **头顶着头** : '머리와 머리가 부딪히다'. 顶头[dǐngtóu] : '맞받다, 머리로 서로 들이받다'.

□ **有人了** : '사람이 생겼다'. '了'는 상황·상태의 변화를 나타내는 어기조사.

27

《解说》

《Jiěshuō》

笑笑没有再给秦奋打过电话，他们之间连短信也没有了。芒果常来看香山，有时带来笑笑的消息。一会儿说笑笑还是一个人，家里同事给介绍过几个，都没成；一会儿又说笑笑有人了，飞机上认识的，都求婚了。香山一天不如一天，黑色素瘤恶性程度很高，很快就扩展到全身脏器和骨骼。他变得很衰弱，走路的时候像个老人。

Xiàoxiao méiyǒu zài gěi Qínfèn dǎguo diànhuà, tāmen zhījiān lián duǎnxìn yě méi yǒu le。Mángguǒ cháng lái kàn Xiāngshān, yǒushí dàilái Xiàoxiao de xiāoxi。Yíhuìr shuō Xiàoxiao hái shì yí ge rén, jiāli tóngshì gěi jièshàoguo jǐ ge, dōu méi chéng；Yíhuìr yòu shuō Xiàoxiao yǒu rén le, fēijī shang rènshi de, dōu qiúhūn le。Xiāngshān yì tiān bùrú yì tiān, hēisèsùliú èxìng chéngdù hěn gāo, hěn kuài jiù kuòzhǎndào quánshēn zàngqì hé gǔgé。Tā biànde hěn shuāiruò, zǒulù de shíhou xiàng ge lǎorén。

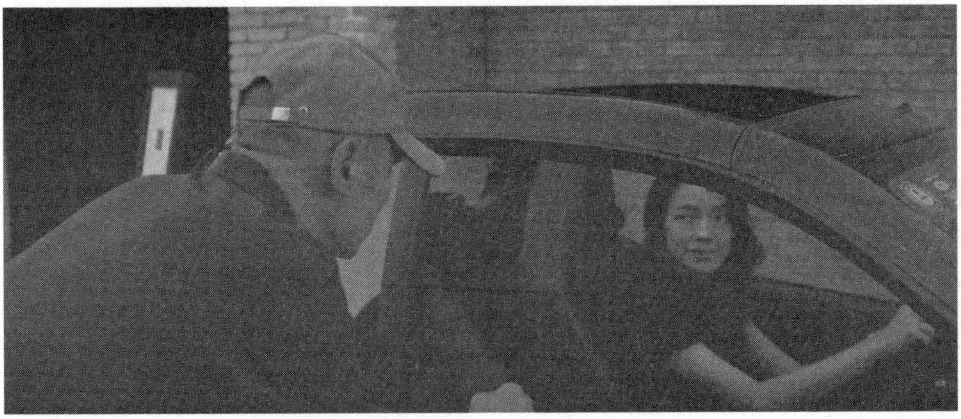

[단어]

□ **同事** [tóngshì] 명 동료, 동업자 동 함께 일하다, 한 직장에서 같이 일하다

□ **求婚** [qiúhūn] 동 구혼하다, 청혼하다, 프로포즈하다

□ **程度** [chéngdù] 명 정도, (지식·문화·교육·능력 등의) 수준

□ **扩展** [kuòzhǎn] 동 확장하다, 신장하다, 넓게 펼치다

□ **全身** [quánshēn] 명 전신, 온몸 동 몸을 온전히 하다, 몸을 보전하다

□ **脏器** [zàngqì] 명 장기, 내장의 여러 기관

□ **骨骼** [gǔgé] 명 골격

□ **衰弱** [shuāiruò] 형 쇠약해지다, 약해지다

[설명]

□ **连短信也没有了**: '문자조차도 없게 되었다'. '连~也~'형식. '连'은 개사로서 '…조차도, …마저도, …까지도'의 의미이며, '也', '都' 등과 자주 호응하여 쓰인다. 문장 끝의 '了'는 상황·상태의 변화를 나타내는 어기조사.

□ **都没成**: '成'은 '완성하다, 성공하다, 이루다'.

□ **一会儿……, 一会儿……**: 구어체에서 자주 쓰이는 어구로서 두 가지의 동작이 연결되어 짧은 시간 동안에 전후로 계속 행해지는 것을 가리키거나, 두 개의 반의어 앞에 거듭 쓰여 두 가지의 상황이 바뀌어 나타나는 것을 표현.

天气**一会儿**晴**一会儿**阴 | 他**一会儿**这么说, **一会儿**那么说

你**一会儿**说要这个, **一会儿**说要那个, 到底要什么东西?

□ **都求婚了**: '都'는 부사로서 '이미', '벌써'의 의미.

饭**都**凉了,快吃吧 | 他**都**八十岁了

□ **他变得很衰弱**: '그는 매우 쇠약해져버렸다'. 'V得+AP' 상태보어식.

写**得**非常好 | 表演**得**非常好

28

剧情 썅산은 친펀과 함께 공동묘지를 둘러보며 다가올 죽음을 조용히 준비한다. 둘의 대화에는 쓸쓸함이 가득하다.

《墓地》

《Mùdì》

香山： 不看了，大通铺似的。活着扎人堆里，死了还是人挤人的。我要是长眠于此，你乐意么？

Xiāngshān : Bú kàn le, dà tōngpù shìde。Huózhe zhā rénduī li, sǐ le hái shì rén jǐ rén de。Wǒ yàoshi chángmián yú cǐ, nǐ lèyì me?

秦奋： 不乐意，死了还不躲个清静，再让邻居给哭醒了？

Qínfèn : Bú lèyì, sǐ le hái bù duǒ ge qīngjìng, zài ràng línjū gěi kūxǐng le?

香山： 那就扬了，一副臭皮囊，扬了干净。本来还想捐俩器官呢，结果都变石榴了，拿不出手了。哎，你要是不忌讳，干脆买一花盆，把我装里边，栽一棵绿萝，放在公司墙角，包准长得又丰又高，每天看着你们笑。

Xiāngshān : Nà jiù yáng le, yí fù chòupínáng, yáng le gānjìng。Běnlái hái xiǎng juān liǎ qìguān ne, jiéguǒ dōu biàn shíliu le, nábuchū shǒu le。Āi, nǐ yàoshi bú jìhuì, gāncuì mǎi yì huāpén, bǎ wǒ zhuāng lǐbian, zāi yì kē lǜluó, fàngzài gōngsī qiángjiǎo, bāozhǔn zhǎngde yòu fēng yòu gāo, měitiān kànzhe nǐmen xiào。

[단어]

□ **通铺** [tōngpù] ㉹ (군대·기숙사·여관 등의) 여럿이 잘 수 있는 침대.

□ **扎** [zhā] ㊈ (뾰족한 물건으로) 찌르다, 파고 들다, 뚫고 들어가다, 비집고 들어가다

□ **人堆** [rénduī] ㉹ (~儿) 군중, 사람의 무리

□ **挤** [jǐ] ㊈ 떼밀다, 비집다, 서로 밀치다, 밀어 제치다, 밀고 당기다, 빽빽이 들어차다

□ **长眠** [chángmián] ㊈ (은유적으로) 영원히 잠들다, 고이 잠들다, 죽다, 서거하다

□ **乐意** [lèyì] ㊈ 기꺼이 …하다, …하기를 원하다 ㊌ 만족하다, 유쾌하다, 좋아하다

□ **躲** [duǒ] ㊈ 피하다, 숨다

□ **清静** [qīngjìng] ㊌ (환경이) 조용하다, 고요하다

□ **邻居** [línjū] ㉹ 이웃집, 이웃사람

□ **扬** [yáng] ㊈ 휘날리다, 흩날리다, 날리다, 나부끼게 하다, 높이 들다, 휘두르다

□ **副** [fù] 양 조, 벌, 쌍 (한 벌 또는 한 쌍으로 되어 있는 물건에 쓰임)

□ **臭皮囊** [chòupínáng] ㉹ 사람의 육체, 쓸모없는 놈

□ **捐** [juān] ㊈ 헌납하다, 부조하다, 기부하다

□ **器官** [qìguān] ㉹ (생물체의) 기관

□ **石榴** [shíliu] ㉹ 석류

□ **忌讳** [jìhuì] ㊈ (말이나 행동을) 금기하다, 꺼리다, 기피하다

□ **干脆** [gāncuì] ㊇ 아예, 차라리 ㊌ (언행이) 명쾌하다, 시원스럽다, 간단명료하다

□ **栽** [zāi] ㊈ 심다, 재배하다, 꽂아 넣다, 끼워 넣다, 박다

□ **绿萝** [lǜluó] ㉹ (식물) 스킨답서스

□ **墙角** [qiángjiǎo] ㉹ 담이나 벽의 모퉁이나 구석

□ **包准** [bāozhǔn] ㊇ 반드시, 틀림없이, 기필코

□ **丰** [fēng] ㊌ (초목 등이) 무성하다, 풍만하다, 포동포동하다, 풍부하다, 풍족하다

[설명]

□ **再让邻居给哭醒了?** : '给'는 피동·처치 등의 뜻을 나타내는 문장의 술어동사 앞에 직접적으로 쓰여 어기를 강하게 함. '哭醒'(울어서 깨다)은 결과보어식.

□ **扬了干净** : '흩뿌리면 깨끗하지'. '了'는 아직 발생하지 않은 일에 대한 '완료'를 표현함.

□ **拿不出手了** : '내놓을 수가 없게 되었다'. 방향보어식 '拿出手'(손을 꺼내다)에 '不'가 삽입되어 가능보어식 부정형이 됨. '了'는 상황, 상태의 변화를 나타내는 어기조사.

秦奋：我不忌讳死人，我他妈只忌讳活人。

Qínfèn : Wǒ bú jìhuì sǐrén, wǒ tāmā zhǐ jìhuì huórén。

香山：我坐会儿。

Xiāngshān : Wǒ zuò huìr。

秦奋：湿的，这儿是。

Qínfèn : Shīde, zhèr shì。

香山：奋!

Xiāngshān : Fèn!

秦奋：哎!

Qínfèn : Āi!

香山：其实我不怕死，真的，但是我怕生不如死。

Xiāngshān : Qíshí wǒ bú pà sǐ, zhēnde, dànshì wǒ pà shēng bùrú sǐ。

秦奋：去海边吧，趁着还能动，我承诺给你尊严。

Qínfèn : Qù hǎibiān ba, chènzhe hái néng dòng, wǒ chéngnuò gěi nǐ zūnyán。

香山：我能相信你么，朋友?

Xiāngshān : Wǒ néng xiāngxìn nǐ me, péngyou?

秦奋：你有选择吗? 除了我?

Qínfèn : Nǐ yǒu xuǎnzé ma? Chúle wǒ?

[단어]

- □ **湿** [shī] ⓗ 습하다, 축축하다, 질퍽하다 ⓓ 적시다, 젖게 하다 ⓜ 습기
- □ **趁着** [chènzhe] ⓓ …를 틈타다, …을 이용하다
- □ **承诺** [chéngnuò] ⓓ 승낙하다, 대답하다 ⓜ 승낙, 대답

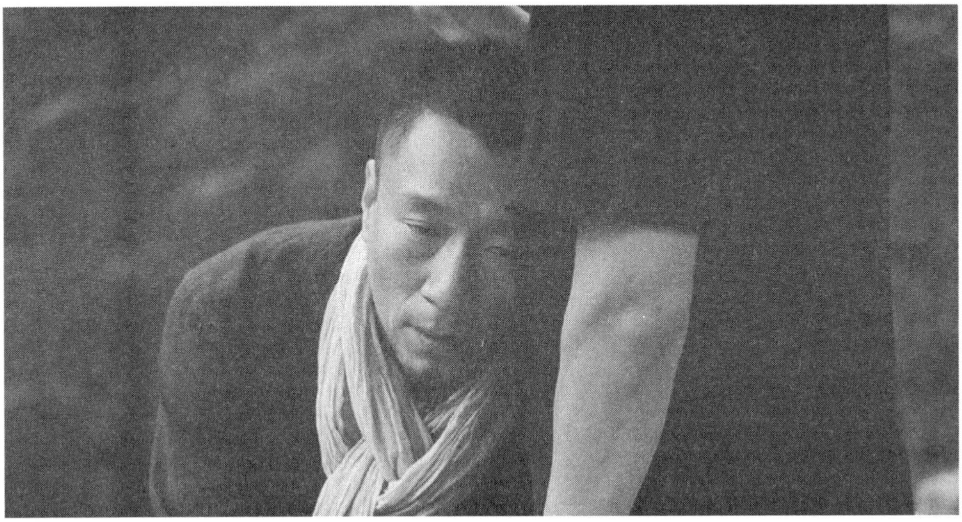

[설명]

- □ **我他妈只忌讳活人** : '他妈(的)'--'제미, 제기랄, 젠장맞을, 빌어먹을'. 구어에서 대화 중 자주 사용되는 상스러운 말.
- □ **生不如死** : 성 생불여사, 사는 것이 죽는 것만 못하다.
- □ **我承诺给你尊严** : '给你尊严'이 '承诺'의 목적어.

29

剧情 한편, 일본에 있던 우쌍은 친펀의 연락을 받고 썅산의 추도회에 참석하러 싼야에 왔다가 공항에서 우연히 샤오샤오를 만나게 되고, 이로써 샤오샤오도 썅산의 죽음이 임박했음을 알게 된다.

《机场》

《Jīchǎng》

邬桑 : すみません。(日语)

우쌍 : 실례합니다.

笑笑 : 邬桑。

Xiàoxiao : Wūsāng。

邬桑 : 呦, 小梁嫂。

Wūsāng : Yōu, xiǎo liáng sǎo。

笑笑 : 元気ですか? (日语)

샤오샤오 : 잘 지내세요?

邬桑 : 元気です。(日语)

우쌍 : 잘 지내요.

笑笑 : 你怎么跑来三亚啦?

Xiàoxiao : Nǐ zěnme pǎolái Sānyà la?

邬桑 : 我是特意赶过来参加香山追悼会的。他是我多年的哥们儿。

Wūsāng : Wǒ shì tèyì gǎnguòlai cānjiā Xiāngshān zhuīdàohuì de。Tā shì wǒ duō nián de gēmenr。

笑笑 : 香山去世了?

Xiàoxiao : Xiāngshān qùshì le?

邬桑 : 秦奋告诉我的, 你怎么会不知道呢?

Wūsāng : Qínfèn gàosu wǒ de, nǐ zěnme huì bù zhīdào ne?

[단어]

- □ **嫂** [sǎo] ㊐ 형수, 아주머니
- □ **三亚** [Sānyà] 고 싼야市. 하이난 최남단에 위치한 국제여행도시.
- □ **赶** [gǎn] ㊍ 뒤쫓다, 따라가다, 추적하다, 서두르다, 다그치다, 재촉하다
- □ **追悼会** [zhuīdàohuì] ㊐ 추도회
- □ **哥们儿** [gēmenr] ㊐ 형제들, 형제 같은 친구, 아삼륙, 단짝, 사이좋은 친구
- □ **去世** [qùshì] ㊍ 돌아가다, 세상을 뜨다

[설명]

- □ **赶过来** : '서둘러 오다'.
- □ **我是特意赶过来参加香山追悼会的** : '是~的'강조구문. '特意赶过来参加香山追悼会'라는 사실을 강조하여 설명함.

30

剧情 썅산의 병세는 점차 악화되어 이제 서있는 것조차, 숨쉬는 것조차도 쉽지 않다. 어느 비 오는 날, 썅산은 그의 친구들과 드디어 인생의 고별모임으로 자리를 함께 한다. 친펀이 진행을 맡아 썅산의 인생 내력에 대한 설명을 하고.... 뒤이어 망궈도 새로 사귀는 남자 친구와 함께 고별회에 참석하게 된다.

《追悼会－李香山，人生告别会》

《Zhuīdàohuì - Lǐxiāngshān, Rénshēng gàobiéhuì》

秦奋：今天我们大家聚在一起，隆重纪念，我们共同的朋友李香山先生。李先生的一生是平凡的一生，是名不见经传的一生。先生出身平凡，长相平凡，从小不好好儿念书，就知道贪玩儿。先生离过两次婚，办垮过仨公司，历任无业游民、饭馆厨师、愤青、冒牌艺术家、总经理、环球总裁、权钱勾结中间人，简称媒人。先生一身邪气，一生没少让家里人操心，没少连累朋友，谁跟他近谁倒霉。但是我们爱他，爱那个一身缺点，叫香山的坏家伙。他是我们生活中的一道汤，没他不好玩儿。他喜新不厌旧，贪财不爱财，办砸了事儿认栽。

Qínfèn: Jīntiān wǒmen dàjiā jù zàiyìqǐ, lóngzhòng jìniàn, wǒmen gòngtóngde pényou Lǐxiāngshān xiānsheng。Lǐxiānsheng de yìshēng shì píngfán de yìshēng, shì míngbújiànjīngzhuàn de yìshēng。Xiānsheng chūshēn píngfán, zhǎngxiàng píngfán, cóng xiǎo bù hǎohāor niànshū, jiù zhīdào tānwánr。Xiānsheng líguo liǎng cì hūn, bànkuǎguo sā gōngsī, lìrèn wúyèyóumín、fànguǎn chúshī、fènqīng、màopái yìshùjiā、zǒngjīnglǐ、huánqiú zǒngcái、quánqián gōujié zhōngjiānrén, jiǎnchēng méirén。Xiānsheng yì shēn xiéqì, yìshēng méi shǎo ràng jiāli rén cāoxīn, méi shǎo liánlei péngyou, shéi gēn tā jìn shéi dǎoméi。Dànshì wǒmen ài tā, ài nà ge yì shēn quēdiǎn, jiào Xiāngshān de huài jiāhuo。Tā shì wǒmen shēnghuó zhōng de yí dào tāng, méi tā bù hǎo wánr。Tā xǐ xīn bú yàn jiù, tān cái bú ài cái, bànzá le shìr rènzāi。

[단어] ————————

□ **告别会** [gàobiéhuì] ㊐ 송별회

□ **聚** [jù] ㊍ 모이다, 회합하다, 집합하다

□ **隆重** [lóngzhòng] ㊎ 성대하다, 성대하고 장중하다

□ **纪念** [jìniàn] ㊍ 기념하다 ㊐ 기념물, 기념품 ㊎ 기념으로 삼는, 기념하는

□ **平凡** [píngfán] ㊎ 평범하다, 보통이다, 일반적이다, 그저 그렇다

□ **名不见经传** [míngbújiànjīngzhuàn] 성 이름이 경전에 보이지 않다, 지명도가 높지 않다

□ **长相** [zhǎngxiàng] ㊐ 생김새, 용모

□ **贪玩儿** [tānwánr] ㊍ 노는 데만 열중하다, 지나치게 노는 것을 좋아하다

□ **仨** [sā] 수 셋, 세 개

□ **历任** [lìrèn] ㊍ 역임하다, 거치다, 지내다 ㊐ 역대

□ **无业游民** [wúyèyóumín] ㊐ 떠돌이

□ **厨师** [chúshī] ㊐ 요리사, 조리사

□ **冒牌** [màopái] ㊍ 상표를 도용하다 ㊐ 모조, 위조

□ **艺术家** [yìshùjiā] ㊐ 예술가

□ **总经理** [zǒngjīnglǐ] ㊐ (기업의) 총지배인, 최고 책임자, 최고 경영자

□ **环球** [huánqiú] ㊐ 전세계, 천하, 지구 전체 ㊍ 전세계를 일주하다

□ **总裁** [zǒngcái] ㊐ (기업의) 총수

□ **权钱** [quánqián] ㊍ 국가 간부가 직권을 이용해서 뇌물을 받거나, 사기를 치거나 협박을 해서 재물을 강탈하다

□ **勾结** [gōujié] ⓢ 결탁하다, 내통하다, 짜다, 공모하다

□ **中间人** [zhōngjiānrén] ⓜ 중개인, 중재인, 중개자

□ **简称** [jiǎnchēng] ⓜ 약칭 ⓢ 간단하게 부르다, 약칭하다

□ **媒人** [méirén] ⓜ 중매인, 중매쟁이

□ **邪气** [xiéqì] ⓜ 옳지 않은 기풍, 사기

□ **操心** [cāoxīn] ⓢ 마음을 쓰다, 신경을 쓰다, 걱정하다, 애를 태우다

□ **连累** [liánlěi] ⓢ 연루시키다, 끌어들이다, 말려들다

□ **缺点** [quēdiǎn] ⓜ 결점, 단점, 부족한 점

□ **家伙** [jiāhuo] ⓜ 놈, 녀석, 자식, 인간, 공구, 도구, 무기, 병기, 타악기

□ **喜新厌旧** [xǐxīnyànjiù] 성 새로운 것을 좋아하고 옛 것을 싫어하다

□ **办砸** [bànzá] ⓢ 망하게 만들다, 망하게 하다, 잘못되게 하다

□ **认栽** [rènzāi] ⓢ 자신의 재수없음을 인정하며, 실패를 인정하다.(자신이 운이 없다고 생각될 때 이렇게 말함)

[설명]

□ **离过两次婚**:‘두 번의 이혼을 했다’. ‘离婚’은 述目구조의 離合詞이므로 동작행위의 경험을 나타내는 조사 ‘过’가 중간에 개입하며, ‘婚’(혼인)을 꾸며주는 수사 ‘两’과 양사 ‘次’가 모두 ‘婚’ 앞에 위치할 수 있다.

□ **办垮过仨公司**:‘세 개의 회사를 망하게 만든 적이 있다’.

□ **一生没少让家里人操心**:‘일생 동안 적지 않게 가족들을 걱정하게 만들었다’. ‘没少’는 ‘적지 않게’.

□ **谁跟他近谁倒霉**:‘누가 그와 가까이 있으면, 바로 그가 재수가 없다’.

□ **贪财不爱财, 办砸了事儿认栽**:‘재물을 탐하지만 재물을 사랑하지는 않는다, 일을 망치게 되면 인정도 한다’. ‘贪财’와 ‘不爱财’는 하나의 술어구로 보이지만, 실제로는 두 개의 술목구조가 논리적으로 연결된 문장이다. ‘办砸了事儿’은 논리적으로 가정이나 조건의 의미를 나타내며, ‘认栽’는 그에 대한 결과를 표현한다.

轩轩：不许拍马屁啊，明令禁止了都。

Xuānxuān : Bù xǔ pāimǎpì a, mínglìngjìnzhǐ le dōu。

秦奋：我必须在这儿拍两句，马屁里面有真情，不拍没机会了。香山的死是他们全家，我们全公司，社会上全体哥们姐们的，重大的，无法弥补的...香山，你觉得你的死算是重大的，还是无法弥补的？听你的。

Qínfèn : Wǒ bìxū zài zhèr pāi liǎng jù, mǎpì lǐmiàn yǒu zhēnqíng, bù pāi méi jīhuì le。Xiāngshān de sǐ shì tāmen quánjiā, wǒmen quán gōngsī, shèhuì shang quántǐ gēmen jiěmen de, zhòngdà de, wúfǎ míbǔ de... Xiāngshān, nǐ juéde nǐ de sǐ suànshì zhòngdà de, hái shì wúfǎ míbǔ de? Tīng nǐ de。

香山：正常损，完全能弥补。

Xiāngshān : Zhèngcháng sǔn, wánquán néng míbǔ。

芒果：这是坚强。

Mángguǒ : Zhè shì Jiānqiáng。

秦奋：你好，你好。

Qínfèn : Nǐ hǎo, nǐ hǎo。

坚强：你好。

Jiānqiáng : Nǐ hǎo。

秦奋：你们先到里面坐吧。

Qínfèn : Nǐmen xiān dào lǐmiàn zuò ba。

某女人：我记得跟香山哥认识呢，是在一个春暖花开的日子，那天他穿了件风衣，还梳着一大背头。

Mǒunǚrén : Wǒ jìde gēn Xiāngshān ge rènshi ne, shì zài yí ge chūnnuǎnhuākāi de rìzi, nà tiān tā chuān le jiàn fēngyī, hái shūzhe yí dàbēitóu。

香山：我要是梳一背头，我是孙子。

Xiāngshān : Wǒ yàoshi shū yì bēitóu, wǒ shì sūnzi。

某女人：不可能，那是咱俩第一次认识，我怎么可能记错呢？

Mǒunǚrén : Bù kěnéng, nà shì zán liǎ dì yí cì rènshi, wǒ zěnme kěnéng jìcuò ne?

[단어]

□ **拍马屁** [pāimǎpì] 아첨하다, 아부하다, 비위를 맞추다, 알랑거리다

□ **弥补** [míbǔ] ⑤ 메우다, 보충하다

□ **春暖花开** [chūnnuǎnhuākāi] 성 화창하고 꽃 피는 봄날의 경관

□ **风衣** [fēngyī] ⑲ 윈드 재킷, 방풍의, 바바리코트, 스프링코트

□ **梳头** [shūtóu] ⑤ 머리를 빗다

□ **背头** [bēitóu] ⑲ 올백(all-back) 머리

□ **孙子** [sūnzi] ⑲ 손자

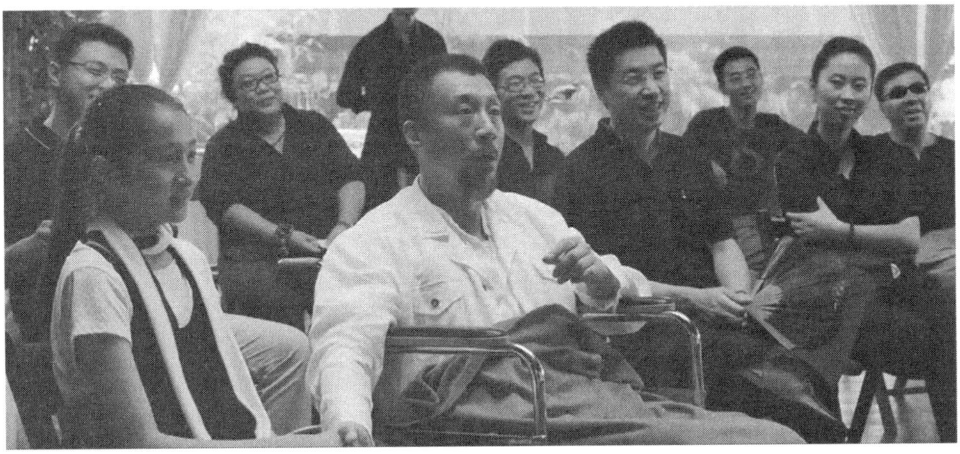

[설명]

□ **明令禁止**: '금지함을 공개적으로 명령하다'. '明'은 '令'을 수식하는 부사어, '禁止'는 '令'의 목적어.

□ **记错**: '잘못 기억하다, 착각하다'. '记错'는 결과보어식. '记'는 동작 행위를 설명, '错'는 그로 인한 결과를 표현함.

香山：也就是我活着开的这追悼会，我要是死了，不定怎么编我呢。

Xiāngshān : Yě jiù shì wǒ huózhe kāi de zhè zhuīdàohuì, wǒ yàoshi sǐ le, búdìng zěnme biān wǒ ne。

邬桑：奋，咱们再也见不到香山了。

Wūsāng : Fèn, zánmen zài yě jiànbudào Xiāngshān le。

秦奋：香山还在，今天是人生告别会，就是想最后再看大伙一眼。

Qínfèn : Xiāngshān hái zài, jīntiān shì Rénshēng gàobiéhuì, jiù shì xiǎng zuìhòu zài kàn dàhuǒ yì yǎn。

邬桑：他还活着？那告诉我他死了？

Wūsāng : Tā hái huózhe? Nà gàosu wǒ tā sǐ le?

秦奋：你们俩怎么在一起呢？你先到里边坐吧。

Qínfèn : Nǐmen liǎ zěnme zài yìqǐ ne? Nǐ xiān dào lǐbian zuò ba。

邬桑：机场碰上的。

Wūsāng : Jīchǎng pèngshang de。

秦奋：你先到里边坐吧。

Qínfèn : Nǐ xiān dào lǐbian zuò ba。

笑笑：在你们眼里，我连朋友都算不上了，是吗？

Xiàoxiao : Zài nǐmen yǎnli, wǒ lián péngyou dōu suànbushàng le, shì ma?

秦奋：你不是要结婚了吗？

Qínfèn : Nǐ bú shì yào jiéhūn le ma?

笑笑：谁告诉你我要结婚了？你特别盼着我结婚，是么？

Xiàoxiao : Shéi gàosu nǐ wǒ yào jiéhūn le? Nǐ tèbié pànzhe wǒ jiéhūn, shì me?

秦奋：先到里边坐吧，一会儿我给你赔不是。

Qínfèn : Xiān dào lǐbian zuò ba, yíhuìr wǒ gěi nǐ péibúshi。

[단어] ――――――

□ **不定** [búdìng] ㊎ 단정할 수 없다, 분명히 말할 수 없다

□ **编** [biān] ㊍ 엮어 모으다, 편성하다, 창작하다, 엮다

□ **大伙** [dàhuǒ] ㊔ 모두들, 여러 사람, 사람들

□ **碰上** [pèngshang] ㊍ (우연히·뜻밖에) 만나다, 마주치다, 맞닥뜨리다, (물체에) 부딪치다

□ **算不上** [suànbúshàng] ㊍ …로 칠 수 없다, 기준에 이르지 못하다, …라고 할 수 없다, 손에 꼽히지 않다, 계산에 들어가지 않다

□ **赔** [péi] ㊍ 사과하다, 사죄하다, 잘못을 빌다, 배상하다, 변상하다, 보상하다, 물어주다

□ **赔不是** [péibùshi] ㊍ 사죄하다, 사과하다, 잘못을 빌다

[설명] ――――――

□ **见不到香山了** : '썅산을 볼 수 없게 되었다'. 결과보어식 '见到'에 '不'가 삽입되어 가능보어식이 되었음.

□ **机场碰上的** : '碰上'은 'V+上' 결과보어식 용법. 동작의 완성, 실현을 표현함.

□ **我连朋友都算不上了** : '连~都~'용법, '~조차도', '~까지도'. '算不上'은 가능보어식. '了'는 상황·상태의 변화를 나타내는 어기조사.

香山：小时候的事儿好像还在昨天，今儿就死到临头了。

Xiāngshān : Xiǎoshíhou de shìr hǎoxiàng hái zài zuótiān, jīnr jiù sǐdàolíntóu le。

某男人：大家都一样，死亡面前人人平等。

Mǒunánrén : Dàjiā dōu yíyàng, sǐwáng miànqián rénrén píngděng。

香山: 反正我是不能再抱怨生活了，该得的我都得了，不该得的我也得了。今天在座的细说起来，都不能算操蛋，最不靠谱的，也没不靠谱到哪儿去。

Xiāngshān : Fǎnzhèng wǒ shì bù néng zài bàoyuàn shēnghuó le, gāi dé de wǒ dōu dé le, bù gāi dé de wǒ yě dé le。Jīntiān zàizuò de xì shuōqilái, dōu bù néng suàn cāodàn, zuì bú kàopǔ de, yě méi bú kàopǔ dào nǎr qù。

某男人：最不靠谱的就是你。

Mǒunánrén : Zuì bú kàopǔ de jiù shì nǐ。

香山：屡次被人爱过，也屡次爱过人。到头了还得说自己不知珍重，辜负了许多盛情和美意。有得罪过的，暗地与我结怨的，本人在此，也一并以死相抵了。活着是种修行，这是我哥们儿秦奋的话。

Xiāngshān : Lǚcì bèi rén àiguo, yě lǚcì àiguo rén。Dàotóu le hái děi shuō zìjǐ bù zhī zhēnzhòng, gūfù le xǔduō shèngqíng hé měiyì。Yǒu dézuìguo de, àndì yǔ wǒ jiéyuàn de, běnrén zài cǐ, yě yíbìng yǐ sǐ xiāngdǐ le。Huózhe shì zhǒng xiūxíng, zhè shì wǒ gēmenr Qínfèn de huà。

[단어]

- □ **今儿** [jīnr] ⓜ 오늘. '今天'의 베이징식 표현
- □ **死到临头** [sǐdàolíntóu] 성 죽기 직전의 위험한 상황에 직면하다
- □ **死亡** [sǐwáng] ⓜ 사망, 멸망, 파국 ⓓ 죽다, 사망하다, 생명을 잃다
- □ **平等** [píngděng] ⓗ 평등하다, 대등하다, 동일한(평등한) 대우를 받다
- □ **抱怨** [bàoyuàn] ⓓ (불만을 품고) 원망하다
- □ **该** [gāi] ⓓ (마땅히) …해야 한다, …하는 것이 당연하다, …의 차례(순서)이다
- □ **在座** [zàizuò] ⓓ 출석하다, 참석하다, 재석하다, 자리에 있다, 자리에 앉아 있다
- □ **细说** [xìshuō] ⓓ 상세하게 이야기하다
- □ **操蛋** [càodàn] ⓗ 개떡 같다, 재수 옴 붙다 ⓜ (욕설) 무능한(쓸모없는) 사람
- □ **屡次** [lǚcì] ⓑ 여러 번, 누차
- □ **到头** [dàotóu] ⓓ 극(정점)에 이르다, 맨 끝에 이르다
- □ **珍重** [zhēnzhòng] ⓓ (몸을) 진중하다, 보중하다, 건강에 유의하다, 몸조심하다
- □ **辜负** [gūfù] ⓓ (호의·기대·도움 등을) 헛되게 하다, 저버리다, 어기다
- □ **盛情** [shèngqíng] ⓜ 두터운 정, 후의
- □ **美意** [měiyì] ⓜ 호의, 선의, 좋은 뜻
- □ **得罪** [dézuì] ⓓ 미움을 사다, 노여움을 사다, 기분을 상하게 하다, 실례가 되다, 죄를 짓다, 잘못을 하다
- □ **暗地** [àndì] ⓜ 암암리, 내심, 속마음
- □ **结怨** [jiéyuàn] ⓓ 원한을 맺다, 결원하다, 원수지다
- □ **一并** [yíbìng] ⓑ 같이, 합해서, 모두, 전부
- □ **以死相抵** [yǐsǐxiāngdǐ] 성 죽음으로써 서로 비기다
- □ **修行** [xiūxíng] ⓓ 수행하다, 도를 닦다, 불법(佛法)을 배우다

[설명]

- □ **反正我是不能再抱怨生活了** : '是'가 없어도 상관없는 문장이지만, 강조용법으로 사용됨.
- □ **被人爱过** : '다른 사람들에 의해 사랑 받다'. '被'자 형식의 피동문.
- □ **活着是种修行** : '种' 앞에 '一'가 생략되었음. '活着'는 본래 동사성 성분이지만 주어로 사용되었음.

秦奋：我也是听人说的，版权不是我的。

Qínfèn : Wǒ yě shì tīng rén shuō de, bǎnquán bú shì wǒ de。

香山：甭管谁的了吧。李香山此生修行，到这儿要划一句号了。十分惭愧报告大家，李香山此生修行，没修出什么好歹来。他太他妈忙了，忙挣钱，忙喝酒，忙着闹感情危机，把大好时光全忙活过去了。

Xiāngshān : Béng guǎn shéi de le ba。Lǐxiāngshān cǐshēng xiūxíng, dào zhèr yào huà yí jùhào le。Shífēn cánkuì bàogào dàjiā, Lǐxiāngshān cǐshēng xiūxíng, méi xiūchū shénme hǎodǎi lái。Tā tài tāmā máng le, máng zhèngqián, máng hējiǔ, mángzhe nào gǎnqíng wēijī, bǎ dàhǎo shíguāng quán mánghuo guòqù le。

邬桑：怕死么，香山？北海道农民问候你。

Wūsāng : Pà sǐ me, Xiāngshān? Běihǎidào nóngmín wènhòu nǐ。

香山：怕，像走夜路，敲黑门。你不知道门后是五彩世界，还是万丈深渊。怕一脚踏空，怕不是结束，而是开始。邬桑，你知道点儿什么，关于死？

Xiāngshān : Pà, xiàng zǒu yèlù, qiāo hēimén。Nǐ bù zhīdào mén hòu shì wǔcǎi shìjiè, háishì wànzhàng shēnyuān。Pà yì jiǎo tàkōng, pà bú shì jiéshù, ér shì kāishǐ。Wūsāng, nǐ zhīdào diǎnr shénme, guānyú sǐ?

邬桑：我听说有光，跟着光走，老人们都这么说。

Wūsāng : Wǒ tīngshuō yǒu guāng, gēnzhe guāng zǒu, lǎorénmen dōu zhème shuō。

香山：谢谢，谢谢邬桑。死是另一种存在，相对于生活。这是今天早上我女儿川川告诉我的，只会生活是一种残缺，说得真好。川川！川川！

Xiāngshān : Xièxie, xièxie Wūsāng。Sǐ shì lìng yì zhǒng cúnzài, xiāngduìyú shēnghuó。Zhè shì jīntiān zǎoshang wǒ nǚ'ér Chuānchuān gàosu wǒ de, zhǐ huì shēnghuó shì yì zhǒng cánquē, shuōde zhēn hǎo。Chuānchuān! Chuānchuān!

[단어]

□ **版权** [bǎnquán] ⓜ 저작권, 판권

□ **甭** [béng] ⓟ ~할 필요 없다, ~하지 마라. '不用'의 베이징식 표현.

□ **句号** [jùhào] ⓜ 마침표, 종지부, 피리어드(period)

□ **十分** [shífēn] ⓟ 매우, 아주, 대단히, 충분히

□ **惭愧** [cánkuì] ⓗ 부끄럽다, 창피하다, 송구스럽다

□ **好歹** [hǎodǎi] ⓗ 옳고 그르다, 좋고 나쁘다, 무엇이 좋고 무엇이 나쁜지

□ **闹** [nào] ⓓ 소란을 피우다, 어지럽히다, 방해하다, 훼방놓다, 시끄럽게 다투다

□ **大好** [dàhǎo] ⓗ 매우 좋다(훌륭하다), 아름답다, 곱다

□ **时光** [shíguāng] ⓜ 시기, 때, 시절, 시간, 세월, 광음, 생활, 생계, 형편

□ **忙活** [mánghuó] ⓓ 바쁘게 일하다, 정신없이 일하다 ⓜ 급한 일, 급선무, 급한 용건

□ **问候** [wènhòu] ⓓ 안부를 묻다, 문안드리다

□ **五彩** [wǔcǎi] ⓜ 오채 (青·黄·赤·白·黑의 다섯 가지 색깔), 다채로운 빛깔

□ **万丈** [wànzhàng] ⓗ 아주 높거나 깊다

□ **深渊** [shēnyuān] ⓜ 깊은 물, 심연, 위험한 지경, 어려운 곤경

□ **残缺** [cánquē] ⓗ 온전하지 않다, 불완전하다, 일부가 손상되다, 일부분이 모자라다, 갖추어져 있지 않다

[설명]

□ **我也是听人说的** : '是~的'구문 안의 동사구 '听人说(남들이 말하는 것을 듣다)'는 '述語(听)+目的語(人说)'구조로 이루어짐.

□ **没修出什么好歹来** : 복합방향보어식 '修出来'에 목적어 '什么好歹'가 삽입된 형태.

□ **忙挣钱, 忙喝酒** : '忙'이란 형용사가 동사구 '挣钱'과 '喝酒' 앞에 위치하여 부사어로 사용되었음.

□ **全忙活过去了** : '忙活过去'는 복합방향보어식.

□ **怕不是结束, 而是开始** : '不是~, 而是~' 전체 구문이 동사 '怕'의 목적어가 됨.

邬桑：川川，你爸叫你呢。

Wūsāng : Chuānchuān, nǐ bà jiào nǐ ne。

香山：谢谢你，川川。很抱歉给你带到这个世界上来，却不能好好儿陪你，也请你转告妈妈，很抱歉这辈子没让她生活得痛快点儿，给她添堵了。啊？感谢各位装点陪衬了我的一生，今天又送了我一程。你们的善，你们的好，我都记下了，都拷进脑子里了，我将带着这些记忆，走过火葬场。我没了，这些信息还在，随烟散播，和光同尘，作为来世相谢的依据，假如有来世的话。最后，我给大家提一醒吧，长了黑痣赶紧点去，千万别以为那代表着好运和性感。

Xiāngshān : Xièxie nǐ, Chuānchuān。Hěn bàopiàn gěi nǐ dàidào zhè ge shìjièshang lái, què bù néng hǎohāor péi nǐ, yě qǐng nǐ zhuǎngào māma, hěn bàoqiàn zhè bèizi méi ràng tā shēnghuóde tòngkuài diǎnr, gěi tā tiāndǔ le。A? Gǎnxiè gèwèi zhuāngdiǎn péichèn le wǒ de yìshēng, jīntiān yòu sòng le wǒ yì chéng。Nǐmen de shàn, nǐmen de hǎo, wǒ dōu jìxia le, dōu kǎojìn nǎozili le, wǒ jiāng dàizhe zhè xiē jìyì, zǒuguò huǒzàngchǎng。Wǒ méi le, zhè xiē xìnxī hái zài, suí yān sànbō, héguāngtóngchén, zuòwéi láishì xiāngxiè de yījù, jiǎrú yǒu láishì de huà。Zuìhòu, wǒ gěi dàjiā tí yì xǐng ba, zhǎng le hēizhì gǎnjǐn diǎn qù, qiānwàn bié yǐwéi nà dàibiǎozhe hǎoyùn hé xìnggǎn。

秦奋：你太贫了，你。

Qínfèn : Nǐ tài pín le, nǐ。

[단어]

□ **抱歉** [bàoqiàn] ㉢ 미안해하다, 미안하게 생각하다, 죄송합니다

□ **陪** [péi] ㉢ 모시다, 동반하다, 안내하다, 수행하다, 배석하다, 곁에서 도와주다

□ **转告** [zhuǎngào] ㉢ 전언하다, 말을 전달하다

□ **痛快** [tòngkuài] ㉭ 통쾌하다, 즐겁다, 기분 좋다, 유쾌하다, 호쾌하다, 솔직하다

□ **添堵** [tiāndǔ] ㉢ 갈수록 막히다, 괴로움이 가중되다, 갈수록 짜증나게 하다

□ **装** [zhuāng] ㉢ 성장(盛裝)하다, 치장하다, 화장하다, 분장(扮裝)하다, 가장(假裝)하다

□ **陪衬** [péichèn] ㉢ 부각시키다, 돋보이게 하다, 받쳐주다, 두드러지게 하다, 뒷받침하다

□ **拷** [kǎo] ㉢ 복사하다, 카피(copy)하다

□ **记忆** [jìyì] ㉣ 기억 ㉢ 기억하다, 떠올리다

□ **火葬场** [huǒzàngchǎng] ㉣ 화장터

□ **来世** [láishì] ㉣ 내세, 내생, 후대

□ **随烟散播** [suíyānsànbō] 성 연기에 따라 확산하다

□ **和光同尘** [héguāngtóngchén] 성 빛과 먼지를 동등하게 보다, 빛을 감추고 세속에 섞이다, 자신의 지덕과 재기를 감추고 속세와 어울리다

□ **依据** [yījù] ㉣ 근거 ㉢ 의거하다, 근거하다

□ **黑痣** [hēizhì] ㉣ 검은 반점, 검은 모반

□ **好运** [hǎoyùn] ㉣ 행운, 좋은 기회

□ **性感** [xìnggǎn] ㉣ 성적 매력, 성감, 육감 ㉭ 섹시하다, 야하다, 성적인 매력이 있다

□ **贫** [pín] ㉭ 군말이 많다, 수다스럽다, 주절거리다, 잔소리하다, 잘 지껄이다

[설명]

□ **抱歉给你带到这个世界上来** : '给你带到这个世界上来' 전체가 동사 '抱歉'의 목적어가 됨. '抱歉这辈子没让她生活得痛快点儿'도 동일한 구조.

□ **送了我一程** : '送一程'은 '일정 거리를 배웅하다', '어느 정도 바래다주다'.

□ **都拷进脑子里了** : '拷进'은 방향보어식으로서 동작의 진행방향을 나타내지만, 일정 정도의 결과 의미도 내포함.

□ **作为来世相谢的依据** : '相谢'는 '서로 감사할' 혹은 '서로 만나는' 정도의 의미.

□ **长了黑痣赶紧点去** : '长了黑痣'는 '아직 일어나지 않은 일' 혹은 '가정'을 표현함.

□ **千万别以为那代表着好运和性感** : '那代表着好运和性感' 전체가 술어동사 '以为'의 목적어.

31

剧情 썅산의 고별식이 모두의 눈물 가운데에 진행되고, 그는 지인들과 한 사람씩 마지막 작별의 인사를 한다.

某男人 : 有大家照顾川川呢。

Mǒunánrén : Yǒu dàjiā zhàogù Chuānchuān ne。

香山 : 很荣幸这辈子认识你。

Xiāngshān : Hěn róngxìng zhè bèizi rènshi nǐ。

某男人 : 放心吧。

Mǒunánrén : Fàngxīn ba。

某女人 : 香山哥。

Mǒunǚrén : Xiāngshān gē。

香山 : 哎!

Xiāngshān : Āi!

某女人 : 不想让你走。

Mǒunǚrén : Bù xiǎng ràng nǐ zǒu。

香山 : 还回来，还回来呢。我这么热爱人类的人，一定还回来。

Xiāngshān : Hái huílai, hái huílai ne。 Wǒ zhème rè'ài rénlèi de rén, yídìng hái huílai。

香山 : 轩轩，下辈子要是有人冲你无端的笑，走过来说喜欢你，记住，那就是我。

Xiāngshān : Xuānxuān, xiàbèizi yàoshi yǒu rén chòng nǐ wúduān de xiào, zǒuguolái shuō xǐhuan nǐ, jìzhù, nà jiù shì wǒ。

轩轩 : 暗号呢，总要有个暗号啊? 下辈子喜欢我的人太多了，那怎么办?

Xuānxuān : Ànhào ne, zǒng yào yǒu ge ànhào a? Xiàbèizi xǐhuan wǒ de rén tài duō le, nà zěnme bàn?

香山 : 暗号，"谁在前世约了你? "

Xiāngshān : Ànhào, "Shéi zài qiánshì yuē le nǐ? "

[단어]

□ **照顾** [zhàogù] 동 보살피다, 돌보다, 간호하다, 고려하다, 생각하다, 주의하다

□ **荣幸** [róngxìng] 형 (매우) 영광스럽다

□ **热爱** [rè'ài] 동 열애에 빠지다, 뜨겁게 사랑하다

□ **冲** [chòng] 조 …쪽으로, …을 향해서 동 향하고 있다, 대하고 있다

□ **无端** [wúduān] 부 이유 없이, 까닭 없이, 터무니없이, 공연히, 실없이

□ **暗号** [ànhào] 명 암호, 사인, 패스워드

□ **总要** [zǒngyào] 부 항상, 늘 동 아무래도(결국, 어쨌든) …해야 한다

[설명]

□ **有人冲你无端的笑**: '冲'은 '~을 향해서', '~에 대해서' 의미를 나타내는 介詞.

□ **走过来说喜欢你**: 連動구문. '走过来'가 VP_1, '说喜欢你'가 VP_2.

VP_2는 述目구조. '喜欢你'가 '说'의 목적어임.

轩轩：就这么定了。

Xuānxuān : Jiù zhème dìng le。

香山：满屋子人就你手凉，末端循环不好，永远都捂不过来。

Xiāngshān : Mǎn wūzi rén jiù nǐ shǒu liáng, mòduān xúnhuán bù hǎo, yǒngyuǎn dōu wǔbúguòlái。

芒果：香山，这是李坚强。

Mángguǒ : Xiāngshān, zhè shì Lǐjiānqiáng。

香山：好，好，好。

Xiāngshān : Hǎo, hǎo, hǎo。

坚强：您好。

Jiānqiáng : Nín hǎo。

香山：好。索马里一带还太平。

Xiāngshān : Hǎo。Suǒmǎlǐ yídài hái tàipíng?

坚强：放心！我军一到，海盗望风而逃。

Jiānqiáng : Fàngxīn! Wǒ jūn yí dào, hǎidào wàngfēng'értáo。

香山：太好了。你们俩好好儿过。甭管和谁啊，太平无事最重要。

Xiāngshān : Tài hǎo le。Nǐmen liǎ hǎohāor guò。Béng guǎn hé shéi a, tàipíng wúshì zuì zhòngyào。

坚强：陪他说会儿话吧。

Jiānqiáng : Péi tā shuō huìr huà ba。

香山：果果，我回想了一下儿。咱们俩那几年，叫幸福。

Xiāngshān : Guǒguo, Wǒ huíxiǎng le yíxiàr。Zánmen liǎ nà jǐ nián, jiào xìngfú。

芒果：下辈子我呢？遇见了，还认么？

Mángguǒ : Xiàbèizi wǒ ne? Yùjiàn le, hái rèn me?

[단어] ————————

□ **满** [mǎn] ⓗ 가득 차다, 그득하다, 꽉 채우다, (정한 기한이) 다 차다, 온, 전혀

□ **末端** [mòduān] ⓜ 말단, 말미, 끝머리, 끄트머리

□ **循环** [xúnhuán] ⓓ 순환하다, 돌다

□ **捂** [wǔ] ⓓ 덮다, 가리다, 밀폐하다, 막다, 가두다, 감금하다

□ **索马里** [Suǒmǎlǐ] 고 소말리아(Somalia)

□ **一带** [yídài] ⓜ 일대

□ **海盗** [hǎidào] ⓜ 해적

□ **望风而逃** [wàngfēng'értáo] 성 멀리서 적의 강대한 기세를 보자마자 도망치다, 소문만 듣고도 질겁하여 달아나다

□ **太平无事** [tàipíngwúshì] 성 태평무사하다

□ **回想** [huíxiǎng] ⓓ 회상하다

□ **遇见** [yùjiàn] ⓓ 우연히 만나다, 마주치다, 조우하다

[설명] ————————

□ **满屋子人就你手凉**: '방 안 가득한 사람들 중 유독 네 손만 차가워'. '就'는 '유독', '단지'의 의미.

□ **永远都捂不过来**: '**捂**' 의미는 '덮다', '가리우다'이므로, 화자가 '덮어준다'는 의미이고, 혈액순환이 잘 안되므로, '아무리 손을 (덮고)잡고있어도 따뜻하게 해주지 못한다'의 뜻.

香山：认，都认。都是亲人。下辈子我给你们当牛做马。

Xiāngshān : Rèn, dōu rèn。dōu shì qīnrén。Xiàbèizi wǒ gěi nǐmen dāngniúzuòmǎ。

秦奋：香山，你看谁来了。

Qínfèn : Xiāngshān, nǐ kàn shéi lái le。

香山：哎呀！你能来，我太高兴了。这厮更高兴，别跟他一般计较。哥哥是过来人，送你一句话，婚姻怎么选都是错的，长久的婚姻就是将错就错。我们这帮哥们儿婚姻没一个到头儿的，秦奋是一个老光棍儿了。你们俩这么些年了，虽然没结婚，但是在我心里边，我就是觉得你们俩结了，而且是特别好的一对儿。心里边指望着，你们俩能给我们这帮哥们破一例，能长久，就俩人儿，一辈子，打不散，骂不断。笑笑，笑笑，一辈子很短。

Xiāngshān : Āiyā! Nǐ néng lái, wǒ tài gāoxìng le。Zhè sī gèng gāoxìng, bié gēn tā yìbān jìjiào。Gēge shì guòláirén, sòng nǐ yí jù huà, hūnyīn zěnme xuǎn dōu shì cuò de, chángjiǔ de hūnyīn jiù shì jiāngcuòjiùcuò。Wǒmen zhè bāng gēmenr hūnyīn méi yí ge dàotóur de, Qínfèn shì yí ge lǎo guānggùnr le。Nǐmen liǎ zhème xiē nián le, suīrán méi jiéhūn, dànshì zài wǒ xīn lǐbiān, wǒ jiù shì juéde nǐmen liǎ jié le, érqiě shì tèbié hǎo de yíduìr。Xīn lǐbiān zhǐwàngzhe, nǐmen liǎ néng gěi wǒmen zhè bāng gēmenr pò yí lì, néng chángjiǔ, jiù liǎ rénr, yíbèizi, dǎ bú sàn, mà bú duàn。Xiàoxiao, Xiàoxiao, yíbèizi hěn duǎn。

香山：川川，你想跟爸爸说点儿什么？

Xiāngshān : Chuānchuān, nǐ xiǎng gēn bàba shuō diǎnr shénme?

川川：爸，你累了。不说了，我给你念首诗吧。

Chuānchuān : Bà, nǐ lèi le。Bù shuō le, wǒ gěi nǐ niàn shǒu shī ba。

[단어]

- □ **当牛做马** [dāngniúzuòmǎ] 성 소나 말이 되다, 소나 말처럼 고역살이하다
- □ **厮** [sī] 명 놈, 자식, 사내종, 머슴, 하인 부 서로
- □ **计较** [jìjiào] 동 따지다, 계산하여 비교하다, 염두에 두다, 문제시하다, 논쟁하다, 승강이하다, 계획하다, 상의하다, 협상하다
- □ **长久** [chángjiǔ] 형 장구하다, 매우 길고 오래다
- □ **过来人** [guòláirén] 명 경험자, 베테랑, 몸소 체험한 사람
- □ **将错就错** [jiāngcuòjiùcuò] 성 잘못인 줄 알면서도 그대로 계속 밀고 나가다, 기왕 잘못된 김에 계속 잘못된 길로 나아가다
- □ **到头儿** [dàotóur] 정점(頂點)에 이르다, 끝까지 가다 부 결국, 마침내
- □ **老光棍儿** [lǎoguānggùnr] 명 노총각
- □ **一对儿** [yíduìr] 한 쌍
- □ **指望** [zhǐwàng] 동 기대하다, 바라다, 소망하다, 간절히 바라다 명 (~儿)기대, 가망
- □ **破** [pò] 동 찢다, 깨다, 망가뜨리다, 파손하다, 파손되다, 찢어지다, 망가지다, 쳐부수다
- □ **打不散** [dǎbusàn] 싸워도 헤어지지 않는다
- □ **骂不断** [màbuduàn] 다투어도 헤어지지 않는다

[설명]

- □ **你们俩这么些年了** : '了'는 명사성 성분 '这么些年' 뒤에 붙어 상황·상태의 변화를 나타내는 어기조사로 작용함.
- □ **打不散, 骂不断** : '打而不散, 骂而不断'. '싸워도 헤어지지 않고, 욕을 해도 이별하지 않는다'.

你见，或者不见我，我就在那里，不悲不喜

Nǐ jiàn, huòzhě bú jiàn wǒ, Wǒ jiù zài nàli, Bù bēi bù xǐ

你念，或者不念我，情就在那里，不来不去

Nǐ niàn, huòzhě bú niàn wǒ, Qíng jiù zài nàli, Bù lái bú qù

你爱，或者不爱我，爱就在那里，不增不减

Nǐ ài, huòzhě bú ài wǒ, Ài jiù zài nàli, Bù zēng bù jiǎn

你跟，或者不跟我，我的手就在你手里，不舍不弃

Nǐ gēn, huòzhě bù gēn wǒ, Wǒ de shǒu jiù zài nǐ shǒuli, Bù shě bú qì

来我的怀里，或者，让我住进你的心里

Lái wǒ de huáili, Huòzhě, Ràng wǒ zhùjìn nǐ de xīnli

默然相爱

Mòránxiāng'ài

寂静欢喜

Jìjìnghuānxǐ

[단어]

□ **或者** [huòzhě] ㉨ …이던가 아니면 …이다, …를 하든지 아니면 …을 한다
□ **悲** [bēi] ㉱ 슬프다, 슬퍼하다 ㉧ 불쌍히 여기다, 가엾게 여기다, 연민하다, 동정하다
□ **喜** [xǐ] ㉱ 기쁘다, 즐겁다 ㉧ 좋아하다, 애호하다
□ **念** [niàn] ㉧ 그리워하다, 그리다, 보고 싶어하다, 걱정하다, 생각하다, 고려하다
□ **增** [zēng] ㉧ 늘다, 보태다, 첨가하다, 증가하다, 많아지다
□ **减** [jiǎn] ㉧ 빼다, 덜다, 감하다, 줄이다, 낮아지다, 줄다, 떨어지다, 쇠퇴하다
□ **舍** [shě] ㉧ 포기하다, 버리다
□ **弃** [qì] ㉧ 내버리다, 방치하다, 저버리다, 포기하다
□ **默然** [mòrán] ㉱ 잠자코 있는 모양
□ **寂静** [jìjìng] ㉱ 조용하다, 고요하다
□ **欢喜** [huānxǐ] ㉧ 좋아하다 ㉱ 기쁘다, 즐겁다

[설명]

□ **让我住进你的心里** : 'V+进' 방향보어식. '进'은 동사 뒤에 붙어 동작이 밖에서 안으로 들어 감을 표시함.

32

剧情 지인들과 고별식을 마친 얼마 후, 썅산은 친펀과 함께 배를 타고 바다로 나간다. 고별의 상황을 직감한 친펀은 썅산이 바다에 몸을 던질 수 있도록 조용히 자리를 피해준다. 세상과의 이별을 감행하는 썅산......

《海边》

《Hǎibian》

香山 : 不过如此吧, 谢谢。

Xiāngshān : Búguò rúcǐ ba, xièxie。

[단어] ——————

□ 不过 [búguò] ㊫ …에 불과하다, …에 지나지 않다

□ 如此 [rúcǐ] ㊜ 이와 같다, 이러하다

33

剧情 친펀은 썅산의 유언대로 분골을 수습하여 화분에 묻어주고, 추안추안은 아빠의 뼈가 묻혀있는 화분을 정성껏 가꾸며 그를 그리워 한다. 한편, 친펀과 샤오샤오는 새로운 다짐을 하며 다시 사랑을 싹틔우기 시작한다.

《家里》

《Jiāli》

笑笑 : 跟爸爸说几句话吧!

Xiàoxiao : Gēn bàba shuō jǐ jù huà ba。

川川 : 在心里说过了, 你们也说两句吧。

Chuānchuān : Zài xīnli shuōguo le, nǐmen yě shuō liǎng jù ba。

笑笑 : 也在心里说吧。

Xiàoxiao : Yě zài xīnli shuō ba。

秦奋: 川川, 今天给大大当个见证人。一辈子很短, 我愿意和你将错就错。

Qínfèn : Chuānchuān, jīntiān gěi dàda dāng ge jiànzhèngrén。Yíbèizi hěn duǎn, wǒ yuànyì hé nǐ jiāngcuòjiùcuò。

笑笑 : 还是不正经, 是吧?

Xiàoxiao : Háishì bú zhèngjing, shì ba?

秦奋: 川川, 给大大说两句好话。大大这辈子没求过人, 就是一见她就求, 这是大大一克星。

Qínfèn : Chuānchuān, gěi dàda shuō liǎng jù hǎo huà。Dàda zhèbèizi méi qiúguo rén, jiù shì yí jiàn tā jiù qiú, zhè shì Dàda yí kèxīng。

川川 : 你们怎么那么逗啊?

Chuānchuān : Nǐmen zěnme nàme dòu a?

[단어]

□ **大大** [dàda] ⓜ (방언) 아버지, 백부, 숙부

□ **见证人** [jiànzhèngrén] ⓜ (현장) 증인, 증거인, 목격자

□ **正经** [zhèngjing] ⓗ 정직하다, 곧다, 단정하다, 점잖다, 정당하다, 정식의, 표준의

□ **克星** [kèxīng] ⓜ 천적, 상극(相克)

□ **逗** [dòu] ⓗ (우스갯소리 등이) 우습다, 재미있다 ⓓ 놀리다, 골리다, 집적거리다, 어르다, 구슬리다, 달래다, 꾀다, 구슬려 삶다

[설명]

□ **你们也说两句吧** : '两句'는 '두 마디'가 아니라, '몇 마디'라는 뜻.

□ **一见她就求** : '一~就~'용법. '~하기만 하면, 곧 ~하다'.

□ **这是大大一克星** : '大大一克星'에서 '大大'는 관형어, '一克星'은 중심어. '큰아빠의 하나의 천적'.

笑笑：川川，听你的。你觉得这个人可信么？你说行，我就答应。

Xiàoxiao：Chuānchuān, tīng nǐ de。Nǐ juéde zhè ge rén kěxìn me? Nǐ shuō xíng, wǒ jiù dāying。

川川：我觉得他还行吧，他也没比其他人更坏。

Chuānchuān：Wǒ juéde tā hái xíng ba, tā yě méi bǐ qítā rén gèng huài。

秦奋：谢谢啊，川川。评价太高了，这回看你还怎么往下摘。

Qínfèn：Xièxie a, Chuānchuān。Píngjià tài gāo le, zhè huí kàn nǐ hái zěnme wǎng xià zhāi。

笑笑：先说好啊。结了婚以后，你的就是我的，我的还是我的，从此剥夺你的自我了，严禁讲理。

Xiàoxiao：Xiān shuōhǎo a。Jié le hūn yǐhòu, nǐ de jiù shì wǒ de, wǒ de hái shì wǒ de, cóng cǐ bōduó nǐ de zìwǒ le, yánjìn jiǎnglǐ。

秦奋：基本的公民权利得给保留吧，打麻将的自由，看电视的自由，当着外人不受打骂的自由。

Qínfèn：Jīběn de gōngmín quánlì děi gěi bǎoliú ba, dǎ májiàng de zìyóu, kàn diànshì de zìyóu, dāngzhe wàirén bú shòu dǎmà de zìyóu。

笑笑：打麻将可以，牌友我得审查；看电视可以，不许看《非诚勿扰》，当着外人一年只给你一次面儿。

Xiàoxiao：Dǎ májiàng kěyǐ, páiyǒu wǒ děi shěnchá；Kàn diànshì kěyǐ, bù xǔ kàn《Fēichéngwùrǎo》, dāngzhe wàirén yì nián zhǐ gěi nǐ yí cì miànr。

川川：哎，你们还真成一家子啦？用人朝前，不用人朝后。

Chuānchuān：Āi, nǐmen hái zhēn chéng yì jiāzi la? Yòng rén cháo qián, bú yòng rén cháo hòu。

秦奋：哪女的都一样，不省心。

Qínfèn：Nǎ nǚde dōu yíyàng, bù shěngxīn。

[단어]

- □ **可信** [kěxìn] ⓗ 신용할 수 있다, 미덥다, 믿을 만하다
- □ **评价** [píngjià] ⓓ 평가하다 ⓜ 평가
- □ **摘** [zhāi] ⓓ (식물의 꽃·열매·잎을) 따다, 꺾다, 뜯다, (쓰거나 걸려 있는 물건을) 벗다, 벗기, 선택하다, 발췌하다, 뽑아내다, 가려 뽑다
- □ **剥夺** [bōduó] ⓓ 박탈하다, 빼앗다, 법에 따라 취소하다
- □ **严禁** [yánjìn] ⓓ 엄금하다, 엄격하게 금지하다
- □ **讲理** [jiǎnglǐ] ⓓ 시시비비를 따지다(가리다), 이치를 따지다, 경우를 따지다
- □ **公民** [gōngmín] ⓜ 국민, 공민
- □ **权利** [quánlì] ⓜ 권리
- □ **保留** [bǎoliú] ⓓ 남겨 두다, 간직하다, 보존하다, 유지하다, 보류하다
- □ **打麻将** [dǎmájiàng] ⓓ 마작을 하다
- □ **打骂** [dǎmà] ⓓ 때리고 욕하다
- □ **牌友** [páiyǒu] ⓜ 카드놀이를 함께 하는 친구
- □ **审查** [shěnchá] ⓓ (제안·계획·저작·경력 등을) 심사하다, 검열하다, 심의하다
- □ **非诚勿扰** [fēichéngwùrǎo] 如果没有诚意，请不要来打扰。(성의가 없으면 방해하지 말라)

[설명]

- □ **听你的**:'听你的话'의 준말.
- □ **这回看你还怎么往下摘**:'你还怎么往下摘' 전체가 술어동사 '看'의 목적어.
- □ **先说好啊**:'说好'는 결과보어식. '잘 말해두다', '다짐해두다'.
- □ **当着外人**:'当着'는 '~의 앞에서는'.

《解说》

《Jiěshuō》

据知情人说，秦奋和笑笑正式结婚是在2030年，那一年秦先生已经七十岁了。这期间，还发生过许多阴差阳错的事儿，我们以后再表。

Jù zhīqíngrén shuō, Qínfèn hé Xiàoxiao zhèngshì jiéhūn shì zài èrlíngsānlíng nián, nà yì nián Qínxiānsheng yǐjīng qīshí suì le。Zhè qījiān, hái fāshēngguo xǔduō yīnchàyángcuò de shìr, wǒmen yǐhòu zài biǎo。

[단어] ——————

□ **知情人** [zhīqíngré] ⓜ (사건의) 내막을 알고 있는 사람

□ **阴差阳错** [yīnchāyángcuò] 여러 가지 원인으로 인하여 일이 잘못되다

□ **表** [biǎo] ⓢ (생각이나 감정을) 드러내다, 표시하다, 나타내다

[설명] ——————

□ **据知情人说** : '~의 말에 의하면(근거하면)'.

[해 석]

01

북해도에서 돌아온 후, 샤오샤오는 팡선생에 대해 철저히 단념하게 되면서 그에 대한 사랑도 이내 식어버리고 말았다.

친펀과의 만남은 줄곧 그녀를 갈등에 빠뜨리곤 했는데, 그는 때로 자상하고 재미도 있는 사람이었지만, 어떤 때는 너무 감정적으로 변해버려서, 비관적일 땐 의기소침해지고 낙관적으로 변하면 곧 통제가 안 될 정도로 흥분해버리고 말곤 했다. 나이가 그렇게 많음에도 불구하고 여전히 어린애 같기만 하다. 특히 샤오샤오의 가장 큰 고민은 스스로 친펀을 사랑해보려고 노력해보지만, 그러나 아직 그저 호감을 느끼는 정도에 머물고 있다는 것이다.

친펀은 이미 나이가 많이 들었다. 베이징말로는 '창쑨(나이가 많은 남자)'이라고 하는데, 나이 많은 남자가 좋기는 하다지만 인생의 황혼에 가까워진다는 것이 문제이다. 그는 샤오샤오와 달리 결혼에 대해서는 속히 '엎지러진 물'을 만들고 싶어하고 있다. 그래서 특별히 무톈위 장성에서 샤오샤오에게 정식으로 프로포즈를 하려고 결심했다.

02

샤오샤오 : 일어나요! 좀 진실해지면 안 되겠어요?

친펀 : 승낙해줘요. 우리 일단 결혼을 하고, 나중에 후회되면 그 때 다시 생각해봅시다.

샤오샤오 : 분명히 알아두세요, 결혼하면 나는 이혼은 하지 않아요.

친펀 : 당신이 만일 나와 이혼한다면, 나는 곧 맹강녀의 뒤를 이어서, 내 통곡으로 저 남은 만리장성이 모두 무너져버릴 거요. 당신이 없으면 난 못 살아요.

샤오샤오 : 나에게 솔직히 말해봐요, 당신 올해 도대체 몇 살이죠?

친펀 : 육일, 육일년이잖소.

샤오샤오 : 당신 벌써 예순 하나예요?

친펀 : 육십일년 생이라니까.

샤오샤오 : 마흔! 그럼 아직 삼십 년 남았네요.

친펀 : 그렇게 오래는 못 살지, 그리 오래 살 수는 없어.

샤오샤오 : 어쨌든 이십 년은 살겠죠? 당신은 어떤 사람과 이십 년을 살아본 적 있어요?

친펀 : 정말이지 아직 없네.

샤오샤오 : 그럼 당신은 나와 백년해로 한다고 어떻게 보장하실 수 있나요?

친펀 : 나도 몰라, 그냥 바램이지.

샤오샤오 : 결혼은 당신에게 무엇을 의미하나요? 사랑인가요?

친펀 : 아니아니, 절대 아니야. 사랑에는 수명이 있는 거에요. 내가 만약 당신을 정말로 사랑한다면 당신과 결혼하지는 않을 거요. 말 잘 못했다. 말 잘 못했어. 사랑은 그래도 사랑인거지.

샤오샤오 : 당신 그러지 마세요, 말 때우려고 하지 말아요. 난 당신의 솔직한 말을 듣기 원해요.
친펀 : 마침내 엎질러진 물이 돼버리겠군!

03

친펀 : 망궈여사와 리썅산선생의 이혼식이 시작됨을 선포합니다. 두 분, 입장하십시오. 자, 멈추세요! 오늘 우리는 함께 증명하도록 하겠습니다. 우리 모두의 친한 친구 망궈와 리썅산은 그들이 유지해왔던 5년간의 결혼생활을 마무리하고, 이제 부부에서 지인으로 돌아가는 것입니다. 당신들의 약속이 성실하고 믿을 만하고 심사숙고한 것이며 절대 후회하지 않을 것이라는 것을 돈에 맹세 하십시오.
친펀 : 망궈씨, 정직하게 대답해 주세요. 손을 올려 주시구요! 이제부터 썅산씨가 아무리 부유하고 아무리 건강하고 아무리 당신을 사랑한다 해도 그와 함께 하기를 원하지 않으십니까?
망고 : 원하지 않습니다.
친펀 : 썅산씨, 정직하게 대답해 주세요. 이제부터 망궈씨가 아무리 아름답고 아무리 매력적이고 아무리 썅산씨를 사랑한다 해도 그녀와 함께 하기를 원하지 않으십니까?
썅산 : 원하지 않습니다.
친펀 : 다음으로 서로의 반지를 돌려주십시오. 당신들을 위해 땅 파서 묻겠습니다. 마지막 키스가 필요합니까?
군중 : 필요해요!
망궈 : 필요 없잖아요.
썅산 : 그럼 나도 필요 없지요.
친펀 : 그들이 필요없답니다. 다음은, "囍(쌍 희)"자를 자르겠습니다. 그럼 그냥 지인관계처럼 서로 악수 한 번 하세요. 가, 가, 가! 또 지인처럼 서로 한 번 안아 주시구요.
망궈 : 당신 왜 이렇게 쓸데없는 짓을 하는 거야?
친펀 : 안아 주세요! 헤어진다 해도 친구지요. 같이 부부로 살 수는 없어도 우정은 변함없지요.
친펀 : 두 분, 샴페인을 따르세요. "같이 안 살아".
썅산 : 이제 안 살아!
군중 : 이제 안 살아!
친펀 : 비둘기를 풀어 줍니다. 쉬앤쉬앤, 우리 둘이 같이 날리자, 줄을 풀어.
쉬앤쉬앤 : 네.
망궈 : 와 줘서 고마워.
썅산 : 망궈, 보기 좋지?
망궈 : 응, 보기 좋아.
친펀 : 쉬앤쉬앤!
샤오샤오 : 당신 오늘 왜 이렇게 기분이 좋은 거에요?
친펀 : 저들 때문에 기쁜거잖아? 비둘기 풀어주는 기분, 헤어져도 좋은 친구이고.
샤오샤오 : 그럼 당초에 결혼은 왜 한 거에요? 그냥 곧바로 좋은 친구로 지내면 되잖아요.
친펀 : 그건 다르지, 결혼 전의 좋은 친구와 헤어진 후의 좋은 친구는 근본적인 차이가 있지.

샤오샤오 : 결국은 어떠한 책임을 안 져도 되니까, 그렇죠?

친펀 : 책임을 안 지는게 아니라, 서로 누구도 누구에게 더 이상 바라는 게 없어지잖아. 서로가 환상을 갖지 않아야 진정한 포용을 할 수가 있는 거지. 이렇게 사귄 친구가 얼마나 든든하겠어.

썅산 : ECCO이, 망궈, 알죠?

ECCO이 : 알죠, 알죠.

썅산 : 여러분에게 괴롭혀서 미안합니다.

ECCO이 : 당신들이 부럽습니다.

썅산 : 무슨 상황이야? 건배, 건배, 건배.

친펀 : 에이, 에이, 에이, 에이…

샤오샤오 : 방금 당신하고 같이 풍선 분 저 여자는 누구에요? 서로 추파를 던지던....

친펀 : 이, 이.... 썅산 회사에서 새로 초빙한 여자 사회자야. 계속 나더러 저 여자하고 같이 여행 프로그램을 만들라고 하는데, 난 아직 승낙을 하지 않았지.

샤오샤오 : 어쩐지 그래서 썅산이 오늘 저렇게 기분이 좋은 거구만?

망궈 : '첫눈에 반한다'라는 말 절대 믿지 마세요.

남자하객 : 넘어진 데에서 다시 일어나는 거죠.

여자하객 : 썅산오빠 너무 멋있어요.

썅산 : 멋있어?

망궈 : 너 누구야? 누구하고 온거야?

썅산 : 뭔 상황이야, 이거? 마셔, 마셔, 술 마셔.

여자하객 : 썅산오빠, 조금만 드세요.

샤오샤오 : 당신 그렇게 급하게 결혼하려고 하는 게 빨리 결혼하고 빨리 이혼하려고 그러는 거죠?

친펀 : 나는 당신과 끝까지 살려고 하는 거야.

썅산 : 에이, 에이, 알고보니 당신들 여기 숨어 있었구만, 어쩐지 당신들을 찾을 수가 없더라구, 여기 있었구나.

친펀 : 조금만 마셔, 조금만.

썅산 : 고생하셨어요, 형, 저는 취했어요. 사람들은 마음에 들어해요?

친펀 : 모두 깨우침을 받고 용기를 얻었어. 몇 쌍이 나중에 이혼할 때도 이렇게 해야겠다고 했어.

썅산 : 이치에 딱 맞지.

썅산 : 생활이라는 게 뭐야? 생활이란 바로 매일 새롭고 아름답고 환상적인 시작이 있어야 하는 거야.

망궈 : 정말 양심도 없어, 잘 들어, 난 좀 이따가 바로 다시 시작할 거라구, 리썅산.

썅산 : 망궈, 물어볼 게 있는데. 오늘 기뻐, 안 기뻐?

망궈 : 기뻐.

썅산 : 좋아? 안 좋아?

망궈 : 좋아.

썅산 : 면목이 서, 안 서?

망궈 : 응.

썅산 : 앞으로 내가 보고 싶으면 전화해, 언제든지. 응?

망궈 : 당신 새로 만나는 여자에게 돈 많이 쓰지 마.

친펀 : 헤어졌어. 에이, 헤어졌어, 끝났어. 흩어져, 흩어져. 에이, 흩어져, 흩어져, 집에 가. 각자 집으로 돌아가는 거야.

망궈 : 썅산한테 말해 줘요. 자주 흥분해가지고 새 여자에게 돈 많이 쓰면 안 된다구 해요.

친펀 : 에이, 에이, 에이, 너는 이 차야, 너는 이 차, 너는 이 차라구. 너희 둘은 이제 같은 차를 타는 게 아니잖아.

썅산 : 망궈가 컸잖아. 좋아, 안 좋아?

친펀 : 좋아, 좋아, 좋아, 아주 좋지.

썅산 : 좋지?

친펀 : 좋아, 좋아, 좋아. 아주 좋아. 가자!

관계자 : 친펀 형님!

친펀 : 왜?

관계자 : 연미복을 돌려 주셔야 되는데요.

친펀 : 일단 이 거 받아, 바지는 내일 줄게. 그래, 또 보자, 또 보자.

관계자 : 네, 제가 닫아 드릴게요.

친펀 : 그래.

04

망궈 : 친씨, 고마워요. 오늘 예식이 우리 결혼할 때보다도 성대했어요. 너에게 프로포즈는 했니?

샤오샤오 : 딩동.

망궈 : 절대로 나처럼 하지는 마, 열난 김에 그냥 승낙해버리고 말았잖아. 결혼하려면 먼저 동거를 해봐야 해, 좋은 점은 테스트 안 해도 되지만, 사람이 얼마나 형편없는 지는 테스트를 해야 돼. 네가 이미 사랑스럽지 않아졌는데 그 사람이 너한테 잘 해줄 수 있겠니?

친펀 : 당신은 언제부터 사랑스럽지 않아진거야?

망궈 : 신혼여행도 채 끝나지 않았는데, 그 사람은 벌써 내가 멍청하다고 싫어하더라구.

친펀 : 그럼 우리 신혼여행부터 테스트해봅시다.

샤오샤오 : 아니에요. 테스트하려면 결혼 7년차부터 시작해야죠, 누가 더 역겨운지 테스트해보는 거죠.

05

샤오샤오 : 선생님, 어떤 걸 드릴까요? 프랑스 와인? 아니면 호주 와인?
선생님, 우리는 프랑스 와인과 호주 와인을 준비했습니다. 어떤 걸 원하십니까?

지엔궈 : 움직이지 말아요! 정말 우리 브랜드 사람 같아요. 당신은 반드시 우리 하이난지역의 미인 선발대회 '천사재애미'에 참가해야 해요. 적어도 5위 안에는 들 겁니다. 미스양은 매니저가 있나요? 광고모델 쪽으로 나아갈 생각 있으세요? 이것은 저의 명함입니다.

샤오샤오 : 전 벌써 결혼했어요, 남편도 있는걸요.

지옌궈 : 미스 양, 바래다줄 차가 있나요?
샤오샤오 : 네.

06

샤오샤오 : 여보세요, 나 도착했어요. 당신 어디에요?
친펀 : 난 아직 출발 못했어요, 당신 벌써 도착했다구? 아니면 먼저 택시타고 야롱베이로 가던지? 내가 거기 가면 마중갈게.
샤오샤오 : 그래요. 그럼 나 택시 타고 갈게요.
친펀 : 그 사람은요?
샤오샤오의 동료 : 샤오샤오요? 방금 저기에 있었는데.
친펀 : 네, 그래요. 고마워요, 고마워요.

종업원 : 주문하신 커피입니다. 천천히 드세요.
샤오샤오 : 고맙습니다. 여보세요!
친펀 : 당신 왜 내 전화를 안 받아? 당신 뭐 하는거야?
샤오샤오 : 나는 벌써 야롱베이에 도착했어요. 당신은 어디예요?
친펀 : 뭐라고? 당신 정말 간 거야?
샤오샤오 : 그럼요!
친펀 : 난 장난한 거란 말이야. 나는 공항에 있어요. 로비 출구에서 당신을 기다리고 있다고.
샤오샤오 : 그럼 서둘러서 오세요.
친펀 : 지금 당장, 응? 당장, 당장 갈게. 꼼짝 말고 있어요!

친펀 : 왜 날 속인 거야?

친펀 : 오늘은 우리 예비결혼 첫날인 걸 봐서 내가 용서해주는 거야. 진짜 결혼하고나면 둘 다 진심으로 서로를 대해야 해. 내가 거짓말 했다고 해서 당신도 거짓말 하면 안 되거든. 두 거짓말쟁이가 어떻게 같이 살아갈 수 있겠어?
샤오샤오 : 당신도 진실한 태도가 중요하다고는 생각하네요?
친펀 : 너무나 중요하지. 한 집에 적어도 한 명은 정직한 말을 해야 돼, 안 그러면 우린 영원히 정직한 말은 들을 수가 없게 돼요.
샤오샤오 : 거짓말한 책임이 나한테 있다는 말인가요?
친펀 : 나는 당신을 좀 놀라게 해주려고 그런 거고, 당신은 나를 정말로 속인 거잖아. 거기에 혼자 앉아서 한 시간 동안이나 커피를 마시면서 전화도 안 받고, 내가 얼마나 다급해하는지 지켜본 거잖아.
샤오샤오 : 난 말이죠! 거짓말하는 친구가 많기는 하지만, 그들이 하는 거짓말은 다 어떤 목적이 있는 거라구요. 당신처럼 아무 목적도 없이 거짓말 하는 사람은 처음 봐요. 당신은 거짓말 하면서 쾌감을 느끼는 거죠?

친펀 : 나도 본래는 거짓말보다 정직한 말을 더 많이 했었지. 그런데 나중에 보니 정직한 말이 사람의 감정을 더 상하게 한다는 걸 알게 됐어요. 누구든 정직한 말은 듣기 싫어하고 나 또한 듣기 싫더라고. 일상생활 하면서 속마음까지 다 털어놓을 필요는 없는 거고, 좀 허술하면 쉽게 화목해질 수 있잖아.

샤오샤오 : 나한테 솔직하게 말해 줘요, 내가 정말 당신이 평상시에 칭찬하는만큼 그렇게 좋은가요?

친펀 : 성품을 말하는 거야? 아니면 외모야?

샤오샤오 : 그 걸 구분할 수가 있어요? 나한테?

친펀 : 솔직하게 말할게요. 당신은 두 눈이 좀 벌어졌어, 광어와 좀 닮았지.

샤오샤오 : 당신의 솔직한 말은 바로 인신공격이네요, 그렇죠?

친펀 : 정직하게 말하면 이런 결과가 온다는 걸 난 안다니까.

친펀 : 고마워요!

종업원 : 천만에!

07

친펀 : 도착했어요.

샤오샤오 : 왜 이런 비현실적인 곳에 자리를 잡았어요?

친펀 : 이곳은 내가 마지막에 죽으려고 준비해둔 곳이야, 앞으로는 바다를 마주하고, 뒤로는 산을 기댈 수 있으며, 사계절마다 꽃이 피지. 마지막 세상을 볼 때 속상하고 짜증나는 세상을 보고 싶지는 않으니까.

샤오샤오 : 이 곳은 당신이 산 거예요? 왜 나한테 말하지 않았죠?

친펀 : 임대한 거야, 20년, 늙을 말년을 보내기에는 충분하지.

샤오샤오 : 벌써 노년이에요?

친펀 : 내가 보기엔, 결혼 7년도 건너뛰었고, 중년의 위기도 생략해버렸고, 바로 서로 의지하며 사는 노년을 살아보는 거야. 당신 생각은 어때?

샤오샤오 : 내가 보기엔 괜찮네요.

친펀 : 내가 물 틀어줄게, 얼른 목욕해요.

샤오샤오 : 그냥 샤워할래요, 친환경적이잖아요.

샤오샤오 : 에이, 당신이 여기 있으면 내가 어떻게 옷을 갈아입어요?

친펀 : 우린 이미 오래된 부부잖아, 뭘 또 부끄러워해? 지난 여러 해 동안 날 피하지 않더니 왜 이제와서 피하고 그래? 두 사람이 같이 샤워하면 더 친환경적일 거야.

샤오샤오 : 이렇게 오래 동안 참아왔는데 더 이상은 못 참겠어요. 이제 나도 개인 프라이버시 좀 갖고 싶다구요.

친펀 : 아니면 우리 더 이상 동거하지 말고 정말로 결혼해버리지 뭐. 당신같은 여자는 정말 등불을 들고도 못 찾을 거야. 시간 오래 끌다가 남한테 뺏기면 안 되잖아.

샤오샤오 : 만일 정말로 결혼한다면 당신은 애기를 갖고 싶어요?

친펀 : 당신 닮으면 갖고 싶지만, 나 닮는다면 됐고.

샤오샤오 : 그럼 애기가 생겨도 당신 지금처럼 나한테 잘할 수 있어요?
친펀 : 솔직히 말할게, 화내지 마. 애기가 없다면, 지금처럼 영원히 당신한테 잘할 수는 없어.
샤오샤오 : 할 수 있다고 말하면 죽기라도 해요?
친펀 : 이거 봐, 봐, 봐, 나한테 솔직하게 말하라고 해놓고. 솔직하게 말하면 당신이 화를 내잖아. 그럼 내가 거짓말 하지 뭐. 할 수 있다니까.
샤오샤오 : 나는 변하지 않을 거예요. 나는 한 사람한테 잘하면 영원히 그 사람한테만 잘하거든요.
친펀 : 당신이 말하는 '잘한다는 것'이 내가 말하는 '잘한다는 것'과 같은 건가?

08

샤오샤오 : 자기야, 계단 내려갈 때 나 혼자서 할래.
친펀 : 그 건 안 돼, 한 발짝도 못 가게 할 거야.
샤오샤오 : 당신이 할 수 있겠어요? 못 하면 내가 내려서 걸어가면 되요.
친펀 : 어림도 없지. 내가 반드시 업을 거야, 곧 도착할 건데 뭐.
샤오샤오 : 손 놔요, 놔, 놔! 온몸에 땀나는 것 좀 봐, 안 되면서 잘난 척하지 말아요, 내가 엄청 무거운 줄 알겠네.
친펀 : 당신은 내 좋은 시절을 못 만나서 그래, 요 2년 동안 좀 허약해졌지. 옛날엔 이렇지 않았는데, 이렇지 않았다구.
샤오샤오 : 뭘 그렇게 꾸물거려요?
친펀 : 곧 가요, 곧 가.
샤오샤오 : 자, 내가 도와줄게요, 내가 도와줄게. 왜 그래요?
친펀 : 허리, 허리를 움직일 수가 없어.
샤오샤오 : 어디요?
친펀 : 아이고, 아파, 아파, 아파.
샤오샤오 : 내가 주물러 줄게요.
친펀 : 아이고, 주무르면 안 돼, 아파, 아파.
친펀 : 오전에 접영을 했는데, 너무 심하게 했나 봐.
샤오샤오 : 이런 몸으로 접영을 했다구요? 당신이 무슨 펠프스인 줄 아나보네.
친펀 : 손가락 끝으로 주무르지 말고 손바닥으로 주물러 줘, 이 옷을 좀 걷어 올리고. 아이고, 아이고, 편하다. 저 CD 좀 켜줘요. CD, 네 번째 노래. 침대 협탁 서랍을 열어봐, 오일 보이지?
샤오샤오 : 봤어요.
친펀 : 먼저 손이 따뜻해지도록 비벼봐. 따뜻해졌어?
샤오샤오 : 따뜻해졌어요.
친펀 : 오일을 손바닥에 따라봐, 좀 더 많이 따르고, 많이 따라, 당신이 올라와요.
샤오샤오 : 네.
친펀 : 올라와, 내 몸 위로 올라타요, 이렇게 해야 힘을 제대로 줄 수 있지, 내 허리근육을 따라서 위쪽으로 밀어올려봐.
샤오샤오 : 허리근육이 어디에요?

친펀 : 바로 여기지, 바로 여기야, 바로 여기. 위로 밀어올려, 아래로 내리고, 다시 위로 밀어올려.

샤오샤오 : 이 게 마사지인 줄 아나 봐요?

친펀 : 천국이 따로 없네...

샤오샤오 : 자기를 무슨 마지막 황제로 착각하나봐? 어떤 거 같아요?

09

샤오샤오 : 깼군요!

친펀 : 미안해요, 잠이 들어버렸네. 너무 실례했군.

샤오샤오 : 괜찮아요, 더 자요, 우리가 그 과정을 꼭 거쳐야 할 필요는 없잖아요.

친펀 : 돌아누워봐요.

친펀 : 내가 정말 일부러 그렇게 한 게 아니에요, 내가 손을 놓자마자 당신이 바로 떨어진 거야. 자려면 내가 쇼파에서 자야지, 당신은 침대에서 자고.

샤오샤오 : 당신이 쇼파에서 자는 게 맞아요.

친펀 : 신혼부부가 첫날밤부터 별거하다니, 밖으로 소문나면 다들 비웃을 거야.

샤오샤오 : 신혼여행은 이미 끝났어요, 오빠. 이제 우리는 늙은 부부라구요, 당신은 나한테 이미 흥미를 잃었잖아요.

친펀 : 난 흥미를 잃은 게 아니야. 난 뜨겁기가 불같다구.

샤오샤오 : 아니, 아니, 아니에요! 당신은 이미 다 타서 재가 됐다구요. 나도 벌써 흥미를 잃었고, 우린 서로 간에 육체적 접촉을 원치도 않게 되었고, 눈도 피곤해졌어요, 알겠죠, 친펀?

친펀 : 그럼 앞으로 어떻게 살아가야 하지?

샤오샤오 : 그래서 결혼 전에 살아보는 거죠! 이런 경우는 매우 일반적이에요. 90%의 부부가 결혼하고 15년, 20년이 지나면 서로 간에 육체적 접촉을 원하지 않는대요. 하지만 그들이 그대로 같이 살기는 하잖아요, 우리가 시험삼아 같이 살아보려고 하는 게 뭐겠어요?

친펀 : 응.

샤오샤오 : 우리가 예비결혼으로 시험해보고자 하는 것은 서로가 좋아서 죽고 못 사는 찰떡같은 삶을 살아보려고 하는 게 아니라, 서로 간에 열정이 떨어지고도 포기하지 않고 백년해로 할 수 있는 지를 알아보는 거예요, 당신 할 수 있겠어요? 내 생각을 먼저 알려줄게요, 나는 할 수 있어요.

친펀 : 나도 생각을 얘기할게, 나는 그 예외적인 케이스요. 당신이 80살이 되더라도 나는 당신한테 열정이 있을 거요.

샤오샤오 : 또 눈 뜨고 거짓말 하시네, 내가 80이면 당신은 벌써 100살이예요, 젓가락도 제대로 못 잡을 텐데. 내가 당신 앞에 서 있어도 당신은 내가 누군지도 모르고, 아마 당신 엄마라고 생각할지도 모른다구요.

친펀 : 이렇게 쌀쌀맞게 대해줄 줄 알았으면 차라리 일 년에 한 번 해 주는 그 사람을 만날걸 그랬어, 적어도 일 년에 한 번은 있는데. 근데 당신은 참 잘 하네, 당신과는 좋은 날을 하루도 못 건졌으니.

샤오샤오 : 후회돼죠? 모든 게 다 아직 늦지는 않았어요. 보아하니 진짜로 결혼 전에 한 번 살아볼

필요가 있네요, 잘 생각해봐요. 못 참겠으면 일찍 말하라구요. 잘 자요, 내 사랑.

10

종업원 : 안녕하세요, 실례합니다. 남편분이 타오바오에서 주문하신 휠체어가 왔습니다.
샤오샤오 : 우리는 휠체어를 주문한 적 없는데요.
종업원 : 친선생님이 주문하신 게 맞아요, 제가 친선생님의 목소리를 알거든요.
샤오샤오 : 어떻게 된 거에요? 휠체어는 사서 뭐 하게요?
친펀 : 나 마비됐어.
샤오샤오 : 뭐라고요?
친펀 : 나 마비됐다고.
샤오샤오 : 당신이 마비됐다고요?
친펀 : 일어날 수가 없어요.
샤오샤오 : 헛소리하지 말고 일어나세요.
친펀 : 이런 가능성이 없는 건 아니잖아? 우리가 왜 시험삼아 살아보려고 그랬겠어? 둘 다 몸이 정정하고 발만 빼면 바로 뛸 수 있다면 미리 같이 살아볼 필요가 없는 거지. 우리가 시험해보려고 하는 것은 둘 중 하나의 다리가 마비되면 나머지 하나가 떠나지 않고 돌봐줄 수 있는지, 먹여주고 마시게 해주고 목욕시켜주고 데리고 나가서 산책시킬 수 있는지를 봐야하지. 지금 그 마비된 사람이 바로 나야. 에이, 내가 우선 입장을 밝힐게, 만약에 당신 다리가 마비되면 난 당신을 평생 돌봐줄거야, 당신은 할 수 있겠어?
샤오샤오 : 그래요, 능력이 있으면 한 평생 일어나지 마세요. 여기에 놓아 주세요.
웨이터 : 실례했습니다.
샤오샤오 : 고맙습니다.
친펀 : 나 화장실 가고 싶어요.
샤오샤오 : 참아요.
친펀 : 못 참겠어.
샤오샤오 : 못 참겠으면 바지에다 싸요, 싸고 나서 내가 빨아줄테니.

11

샤오샤오 : 그 사람 잘생겼네.
망궈 : 그의 가슴 근육 사이에 펜을 하나 끼울 수 있다니까.
군인 : 지휘관 동지, 우리 함대는 항해 준비를 마쳤습니다, 예정대로의 출항을 허가해주십시오.
지휘관 : 계획대로 출발하세요.
군인 : 네.

12

샤오샤오 : 너희들 안 지 몇일이나 됐어? 너 너무 정을 주는 거 같은데?

망궈 : 시간이 길고 짧은 지는 상관없어, 어떤 사람들은 평생 같이 살아도 아무 느낌이 없는데, 또 어떤 사람들은……

샤오샤오 : 또 첫눈에 반한 거지, 너?

망궈 : 맞아, 어떻게 된 거냐는 거지? 난 매번 이렇다니까, 매번 정말로 정을 주고 말이야. 너네집 어르신은 어때? 예비결혼 그런대로 괜찮아?

샤오샤오 : 우리집 어르신은 말이야, 나쁜 생각을 가득 채우고서 나한테 시련을 주고 있어.

13

친펀 : 망과냄새군.

망궈 : 어떻에 알아맞혔어?

친펀 : 이 입술 모양이 그녀 것보다 더 크거든.

망궈 : 재미없어. 왜 멍때리고 있어요?

친펀 : 내 인생을 돌이켜보고있는 중이지.

망궈 : 당신 인생은 하는 일 없이 빈둥거리는 인생이잖아요. 다리 진짜 마비됐어요?

친펀 : 내가 언제 당신한테 거짓말한 적 있어? 샤오샤오가 나한테 잘 해주지 않아, 옷도 안 갈아 입혀 주고 목욕도 안 시켜주고 난 벌써 냄새가 다 난다니까.

망궈 : 진짜 냄새나네. 정말 너무 구려.

샤오샤오 : 고자질도 배우셨구만? 이 사람 좀 봐봐, 이 사람만이 이런 방법을 생각해낼 수 있다니까, 이미 며칠 동안 휠체어에 앉아 있었거든, 나보고 돌봐달라고. 망궈씨가 왔는데 아직 안 일어날 거예요?

망궈 : 됐어요, 됐어, 웬만하면 일어나요. 자주 이렇게 굽히고 있으면 혈관이 응결되서 나중에 정맥류라도 걸리면 자기 자신만 손해본다구.

친펀 : 이 일이 나한테 이로운지 해로운지는 상관 않겠어, 그녀한테만 이롭지 않으면 나는 한다구.

망궈 : 왜 이렇게 비열해요, 당신?

친펀 : 당신은 말이야, 그녀가 나를 어떻게 열받게 하는지 못 봐서 그래. 첫날밤에 난 한밤중까지 문만 긁고 있었다구, 내 생명력이 이렇게 왕성한데 말이야, 내가 얼마나 강한지는 보려고 하지도 않고 오자마자 곧 내가 얼마나 약한지만 보려고 했다구, 이런 게 어디 있어? 단것은 한 입도 안 주고, 한 입 맛보기도 전에, 나 보고 질렸다고 하라고 강요하더라니까.

망궈 : 무슨 뜻이야? 그럼 당신들 둘이 지금까지 아직 한 번도 없었다구?

친펀 : 아직 안 했다니까. 나는 원래 그녀의 약한 틈(무방비한 틈)을 타서 하기는 싫었는데, 지금은 그녀가 나한테 지친 척하라고 강요를 한다니까. 좋아, 그래서 내가 망한 것처럼 연기를 한 번 해줬지, 요며칠 동안 나는 아무것도 안 하고, 기름병이 엎어져도 세우지도 않고(아무리 급한 일이 생겨도 몸을 꿈쩍 안 했고), 그냥 여기서 어른노릇을 하고 있다니까. 행복은 반드시 함께 하지 않아도 되지만, 고통은 반드시 함께 해야 한다는 거. 그녀의 이론을 따르자면, 이래야

겨우 부부랄 수 있댄다.

망궈 : 망궈는 망과 안 먹어요. 당신은 잠깐 동안만 아픈 척하려는 거야, 아니면 평생 동안 아픈 척하려는 거야?

친펀 : 그녀가 어떻게 하느냐에 따라서 다르지, 나더러 일어나라고 하는 건 쉬워, 대우에 대해서 다시 이야기를 좀 해야지.

망궈 : 어떤 대우를 원하는데요?

친펀 : 남편 대우지. 관계를 안 가져도 되지만, 적어도 한 침대에서는 자야지? 나한테 물 좀 갖다줘요, 오전 내내 목말랐거든.

망궈 : 샤오샤오, 너희집 주전자 어디에 있어?

샤오샤오 : 왜 너한테 시켰어? 나에게 줘.

망궈 : 여기에 있어, 이건 다 네가 빨아준 거야?

샤오샤오 : 난 가급적이면 그가 물 못 마시게 하거든, 아니면 자꾸 나한테 화장실로 부축해 데려다 달라 한단 말이야.

망궈 : 저 꼴 좀 봐봐, 자기를 진짜 마비된 사람으로 생각하나봐.

샤오샤오 : 고집이 세요. 네가 도와주지 않으면 정말로 바지에다 오줌 싸버린단 말이야.

망궈 : 난 너를 정말로 존경해, 너 계속 이렇게 내버려둘 거야?

샤오샤오 : 아이고! 나도 내가 정말 이런 일을 만난다면 견뎌낼 수 있는지를 시험해보고 싶어서.

망궈 : 이런 식으로 자기한테 시련을 주는 게 어디 있어. 그가 사람을 괴롭히는 거 아니겠어?

샤오샤오 : 괜찮아.

망궈 : 고생하고 싶으면 마비된 척하라고 그래. 요며칠 동안 난 너무 힘들었어. 밥도 하기 싫어졌어. 우리 내려가서 호텔 하나 찾아 식사나 할까?

망궈 : 그래.

14

종업원 : 안녕하세요! 스메이완 아이메이호텔에 오신 것을 환영합니다!

망궈 : 이리 와보세요. 여기 휠체어가 있는데 좀 이따가 저 장애인을 안으로 좀 데려다주세요. 알았죠?

종업원 : 네.

종업원 : 안녕하세요!

샤오샤오 : 고마워요, 고마워요. 당신 혼자서 먹을 수 있어요?

친펀 : 못 먹어.

망궈 : 손도 못 움직여? 목까지 마비됐군, 당신?

친펀 : 마비됐다니까. 저 쪽은 베트남인가요?

종업원 : 네, 하지만 보이지는 않아요.

망궈 : 우선 타르타르스테이크를 주세요.

샤오샤오 : 나는 저거 주세요, 루꼴라샐러드요. 치즈 넣지 마시고, 드레싱은 제가 넣을게요.

친펀 : 에이, 나는? 난 아직 주문 안 했어.

샤오샤오 : 맞아요, 당신도 있죠. 당신은 뭘 시킬까? 뭘 먹을 수 있을까?

친펀 : 고기 먹어야지.

종업원 : 우리 호텔은 송아지 스테이크가 맛있어요, 맛 좀 보실래요?

친펀 : 하나 주세요.

종업원 : 얼마나 익혀드릴까요?

친펀 : 미디움 레어.

샤오샤오 : 생고기를 먹게요? 나중에 바지에다 싸게 되면 알아서 치워요! 좀 가볼게.

망궈 : 여기 봐봐, 나 아직 여기 있잖아? 당신한테 할 이야기가 있어요. 지난 번에 나한테 생명보험 들어 달라고 부탁했던 거, 보험증서 가지고 왔어요. 보험 금액은 300만위안이고, 맞지?

친펀 : 응.

망궈 : 수혜자는 누구로 쓸까?

친펀 : 샤오샤오로 써야지.

망궈 : 량샤오샤오.

친펀 : 응.

망궈 : 써줄게.

친펀 : 써줘.

망궈 : 뭐 꺼리는 거는 없지?

친펀 : 꺼리기는 뭘 꺼려? 얘가 젊은 나이에 나와 함께 보내주는데, 만일 내가 갑자기 사고라도 나면, 얘한테 아무것도 안 해줄 수가 없잖아? 만일 내가 한 사람 손 안에서만 죽어야 한다면, 차라리 얘 손 안에서 죽는 게 낫지.

망궈 : 안 돼, 그러지 마, 당신은 천 년, 만 년 살아있을 거야. 우리 여자 입장에서 본다면, 나는 꼭 한 마디 하고 싶어, 당신 이 번 이 일은, 하길 잘 한 거야. 자, 여기에 사인해요. 됐어요.

친펀 : 무슨 이야기를 하고있는 거야? 왜 사진까지 찍고 저러지? 무슨 일이야?

종업원 : 실례합니다. 샐러드는 어느 분께 드릴까요?

망궈 : 여기요, 뭐하러 가는 거야?

종업원 : 선생님, 잠깐..?

지엔궈 : 당신 그럼 오늘 저녁에 올 거야?

샤오샤오 : 좋아요, 좋아.

지엔궈 : 당신에게 입장권 줄게.

샤오샤오 : 그래도 돼요?

지엔궈 : 그럼요.

샤오샤오 : 고마워요!

지엔궈 : 입장권 하나 남겨 드려.

모 남자 : 문제 없어요!

친펀 : 음식 나왔어.

지엔궈 : 형.

친펀 : 누구야?

지엔궈 : 누구긴 누구야? 지엔궈지.

친펀 : 지엔궈?
지엔궈 : 응, 나 성형수술 했어, 한국에서 했지.
친펀 : 수술이 어떻게 랴오판처럼 됐냐?
지엔궈 : 미워! 에이, 형, 이 여자가 바로 형이 공개구혼해서 데려온 여자야?
친펀 : 미워 인마. 당신 저들을 어떻게 알게 된 거야?
샤오샤오 : 당신은 어떻게 일어난 거죠?
망궈 : 급해서 그런 거지. 너 이번엔 근심 덜어도 되겠네. 옛날 그 대우 그대로야, 당신이 알아서 일어선 거니까.
샤오샤오 : 난 다른 사람하고 말하면 안 돼요? 나는 내 친구 있으면 안 되냐구요?
종업원 : 소고기스테이크 나왔어요. 선생님, 휠체어는 이미 접어드렸습니다.
친펀 : 고마워요. 우리 밖에서는 싸우지 말자, 오케이?
샤오샤오 : 싸우긴 누가 싸워?
망궈 : 샤오샤오, 저 사람들 뭐 하는 사람들이야?
샤오샤오 : 미녀선발대회 일 하는 사람들이야. 오늘 저녁에 무슨 '천사재애미'라는 미녀선발대회 결승전이 있는데. 맞아, 저 사람들이 나한테 입장권을 줬거든, 같이 가자.
망궈 : 갈 수가 없어, 난 좀 이따가 북경으로 돌아가야 돼, 당신들 둘이 가. 친펀, 같이 가 줘요, 전부 미녀들이야.
친펀 : 난 안 가. 무슨 엉망진창이지, 전문가인 척하고, 사회 상류층인 척하고, 빌어먹을, 상류층이 어디 있어? 전부 다 하류층이지, 지들이 무슨 권리로 사람에게 등급을 매겨? 미의 기준은 지들이 정한 거야?
샤오샤오 : 당신더러 가라고 하지 않았어, 세상 모든 일에 대해 그렇게 분개할 필요 없어.
친펀 : 이 게 다 기생충들이라는 거야, 먹으려고 속이고, 마시려 속이고, 섹스하려고 사람을 속인다구.
망궈 : 어이, 어이, 어이! 욕하지 마! 계속 욕하면 자기 자신까지 욕하게 된다구.
당신들 둘 말이야 농담은 농담으로 끝내, 농담 하다가 정말로 미운 감정이 생기면 안 돼요. 여자는, 아무래도 남들이 자기를 인증해주기를 바란다구. 당신도 남들이 당신을 인증해주기를 바라잖아? 모든 사람이 다 미워하는 사람이 되고 싶지는 않겠지?
친펀 : 알아, 사실 난 그녀를 너무 사랑해.
망궈 : 남을 사랑한다면, 그 사람이 느끼도록 해야지.
친펀 : 하지만 나는 그녀가 날 사랑하는 걸 못 느끼겠어.
망궈 : 멋진 오빠, 택시 한 대 불러줘요.
종업원 : 네.
망궈 : 어쨌든 적어도 한 가지는 내가 확신할 수 있어, 지금 그녀의 마음 속에 당신 말고 다른 사람은 정말로 없어. 갈게요.
친펀 : 바이!
샤오샤오 : 여기서 기다려요, 내가 가서 차 에어컨 좀 틀어 놓을게요.
친펀 : 내가 갈게.

15

친펀 : 당신 정말 왁자지껄한 데 가서 끼어들 생각이야?

샤오샤오 : 나는 원래 세속적인 사람이에요.

친펀 : 당신 지금 입고 있는 게 아주 괜찮아. 어이, 어이, 어이, 남들이 다 하는거면 당신은 하지 말아요. 이런 장소에는 아무것도 안 해야 비로소 자신감이 있는 거지, 바로 당신같은 사람은, 어떤 보석보다도 귀중하다고.

샤오샤오 : 너무 소박해보이지 않아요? 남들을 존중하지 않는 것처럼 보이지 않아요?

친펀 : 언제부터 상호존중하는 게 돈이 얼마나 많은 지의 비교가 됐어? 당신은 채광하는 사람이 아니라구. 다이아몬드와 비취는 아무리 말해봐야 그저 돌일 뿐이야. 쇠사슬은 개나 필요한 거지, 당신은 필요없어요.

친펀 : 내가 기사 해줄게.

샤오샤오 : 난 이미 택시를 불렀는걸요, 아니면 당신 저랑 같이 가요.

친펀 : 그럼 다리 건널 때까지만 바래다 줄게.

16

사회자 : 안녕하십니까? '천사재애미'에 오신 것을 환영합니다.

사회자 : 감사합니다, 여러분 감사합니다! 오늘 저녁 우리가 모래사장에 둘러앉은 것은 귀여운 천사들을 맞이하려 하기 때문입니다. 이 천사들이 하늘에서 한 분 한 분씩 내려오고 있어요. 너무 죄송한 말씀이지만 첫 번째로 내려온 사람은 저입니다. 감독님은 제가 얼굴이 먼저 착지했다고 하시는데요, 그래서 외모를 좀 망쳤죠, 예쁜 천사들에게 겨우 발판이 될 수 있겠어요. 하지만 발판이 돼도 전 기쁩니다. 뿐만 아니라 기분이 조금 흥분되어있는데요, 왜냐하면 오늘 밤 곧 등장할 천사들은 옷을 많이 입지 않았기 때문이지요. 준비 다 되셨습니까? 천사들, 파도 타고 와주십시오.

사회자 : 그럼 우리 기분 홀가분하게 해주실 분을 골라봅시다. 바로 가운데에 계신 저 분을 골라보죠. 제일 무서우신 쨔오쉐하이선생님이 질문하시겠습니다. 질문해주십시오, 쨔오선생님.

쨔오선생 : 10번 선수~, '미'에 대해서 좀 말씀해주세요, '미'가 뭡니까?

사회자 : 대답해 주세요.

10번 선수 : 저는 마음 속에 사랑이 있고 항상 감사의 마음을 품고있는 것을 '미'라고 생각합니다.

사회자 : 이 대답은 마치 아무것도 대답하지 않은 것과 같은데요. 쨔오선생님은 10번 선수의 대답에 대해서 만족하십니까?

쨔오선생 : 저의 '미'에 대한 이해는 바로 두 글자, '포용'입니다.

친펀 : 그건 '미덕'이지.

샤오샤오 : 여보세요.

친펀 : '미'는 '추'에 상대적인 말이야. '아름다움'이 아름다운 것이 되는 것은 '추함'이 있기 때문인 거야.

샤오샤오 : 나 지금 당신과 통화하기가 불편해요, 이따 끝나고 전화할게요.

친펀 : 이봐요, 실례지만 미녀선발대회 사람들은요?
종업원 : 행사가 다 끝나서 지금 모두 축하연을 하고 있어요.
친펀 : 어디죠?
종업원 : 연회장, 바, KTV에 모두 그 쪽 사람들이에요.
친펀 : 네. 감사합니다.
종업원 : 살펴 가세요.

17

某남자 : 입을 좀 헹구세요, 입 헹구라구요. 좀 천천히 드셔야지, 조심하세요.
친펀 : 당신 핸드폰을 왜 꺼버렸어?
샤오샤오 : 난 안 껐어요.
친펀 : 얼마나 마시게 한 거에요?
某남자 : 술 권한 사람은 없었어요, 다 이 분이 스스로 퍼부은 거지요. 방금 전에는 괜찮았는데, 한 순간에 그냥 뻗어버렸네요.
친펀 : 신경쓰지 마시고, 저한테 맡기세요.
某남자 : 그래요, 그럼 수고하세요, 그리고 이 가방 돌려드릴게요, 조금만 드세요.
친펀 : 집에 갑시다.
샤오샤오 : 난 괜찮아요, 조금만 있게 해줘요.
친펀 : 어때? 많이 괴롭지? 만일 집에 가고 싶지 않으면, 부축해줄테니 밖에 좀 나가 앉아있자.
샤오샤오 : 나 신경쓰지 말아요, 말하고 싶지 않다구요. 당신 먼저 들어가요, 난 좀 있다가 틀림없이 들어갈 거니까, 나 신경쓰지 말아요, 네?
친펀 : 무슨 기분 안 좋은 일 있으면 집에 가서 얘기합시다, 응?
샤오샤오 : 난 진짜 괜찮아요.
친펀 : 풀장에서 좀 멀리 떨어져요, 술 마시고 나서 수영하면 안 돼요. 뛰지 말고, 돌아와요.

18

친펀 : 샤오샤오, 샤오샤오, 어디에 있어?
샤오샤오 : 저는 바다 속에 있지 않아요.
샤오샤오 : 저는 본래 제 자신을 잘 안다고 생각했는데, 애정이란 키워갈 수 있는 거고 시간이 지나면 가까워질 수도 있다고 생각했죠. 근데 지금은 시간이란 게 사람을 가까워지게 만들 수 있는 동시에 더 멀어지게 할 수도 있다는 것을 알게 됐어요. 좋은 감정을 갖고있다는 것이 모든 것을 대신 해줄 수는 없어요.
친펀 : 이해했어요, 당신은 나한테 그저 호감만 있는 거지, 단지 호감만을 가진 두 사람이 같이 산다는 건 굉장히 비도덕적이야.
샤오샤오 : 당신이 비도덕적인 게 아니라, 내가 비도덕적인 거죠, 난 당신의 호감을 이용한 거라구요.

친펀 : 당신 이렇게 비도덕적으로 산 지 얼마나 됐어? 우리 같이 살게 된 첫날부터였어? 난 굉장히 행복하다고 생각했었는데.

샤오샤오 : 당신 정말 행복하다고 느꼈어요? 우리 지난날들을요?

친펀 : 내가 지금 당신한테 요구한다면 아직 늦지는 않았겠지? 감정을 많이 주는 사람이 지는 거야.

19

샤오샤오 : 봐요, 이 쪽도 똑같아요. 사실 우리는 헤어지는 게 아니라, 잠시 떨어져 있는 거예요, 나중에 또 같이 있을 수 있을 거예요.

친펀 : 당신은 해방됐어요, 왜 또 울기 시작해? 울려면 내가 울어야지. 아이고, 왜 사람을 물어?

샤오샤오 : 당신 정말 짜증나.

친펀 : 적응돼? 나중에 당신 화나게 하는 사람이 없어지는데.

샤오샤오 : 적응 안 돼도 적응해야죠. 나는 내가 잘못한 걸 알아요. 이제 당신보다 나한테 잘 해주는 사람은 더 이상 찾지 못 할 거예요.

친펀 : 철드는 걸로 비교하자면 누구보다도 철 있고, 철 없기로는 또 누구보다도 철이 없지, 나 말이야. 당신은 사랑을 찾는 사람이고, 나는 결혼을 찾는 사람이었던 거야, 우리는 애초부터 안 맞았어요.

샤오샤오 : 이 게 바로 원수로군요, 전생에 맺힌 원한인가봐, 좋아도 같이 있지 못하고, 헤어지려 해도 헤어지지도 못 해요.

친펀 : 당신은 이 걸 믿는군, 나는 현실만 믿어요. 같이 애인이 될 수는 없어도 우정은 변하지 않는다. 칫! 이 말 만든 사람, 퉤!

20

《편지》

친펀 : 갈게요, 당신의 좋은 점 기억하고 있을게, 또한 당신이 나 생각날 때마다 모두가 나쁜 추억이지만은 아니기를 바래요. 방은 내가 정리했어요, 당신 갈 때 아무 신경 쓰지 말고 문만 닫고 가면 돼요。 꿈만 같았어요, 우리가 맺은 원한은 이제 풀렸어요.

21

《내레이션》

친펀이 베이징으로 돌아간 후, 샤오샤오도 휴가를 일찍 마치고는 항공사 승무팀으로 복귀했다. 그녀는 비행기가 이착륙할 때마다 친펀에게 전화해서 무사함을 알리는 것이 이미 습관이 되어버렸다. 헤어진 후에도 그녀는 여전히 이 습관을 유지하고 있었다. 처음엔 친펀도 전화를 받고는 몇 마디 행운의 말을 했었다. 그 후로는 이내 문자 보내는 것으로 바뀌더니, 글자 수도 점점 줄어들었고, 맨 마지막에는 단지 한 글자만 보내게 되었다. 샤오샤오가 '이륙', '착륙'으로 보내면, 친펀이 '무사히', '좋아'로 답장하곤 했다. 그 동안에 친펀의 삶은 갑자기 바빠졌고, 샤오샤오와 헤어진 후, 친펀은 쌍산의 부탁을 흔쾌히 수락하여 쉬앤쉬앤이라는 대만 여자와 같이 콤비가 되어, '당신을 모시고 놀러 간다'라는 여행 프로그램을 진행하게 되었다. 북경의 '먹고 마시고 놀고 즐기는' 문화를 소개하는 프로그램이었다. 이러는 사이 그와 샤오샤오는 줄곧 만나지 않았다.

22

친펀 : 쉬앤쉬앤.

쉬앤쉬앤 : 네.

친펀 : 발마사지를 하나의 산업으로 끌어올리는 것은 우리 중국의 훌륭한 발명인 것 같아요.

쉬앤쉬앤 : 왜 이렇게 생각하시죠?

친펀 : 비록 우리의 환경위생이 아직 유럽이나 미국 등 선진국가와 비교할 수는 없지만, 적어도 우리의 개인위생은 이미 발부터 시작했단 말입니다. 씻을 뿐만 아니라 주무르고 한약에 담그고...

쉬앤쉬앤 : 맞아요, 맞아요. 여기의 발마사지는 황제급의 서비스, 지존의 향락이라고 할 수 있죠. 한번 주물러주면 얼마나 시원한지 모르겠어요. 장담컨대 당신의 하루 피로를 싹 없애준답니다.

친펀 : 저는 황제서비스를 알고있습니다. 바로 발을 얼굴로 삼아 최고급으로 즐기게 하는 거죠. 발은 정말로 자기 자신이 얼굴인 줄 아는 겁니다.

쉬앤쉬앤 : 오, 몸의 모든 기관이 다 평등하다는 이념을 완벽하게 체현한 거네요.

친펀 : 이 조그마한 방 안에서 왕처럼 행세하고 남들을 괴롭히기를 원하시는 분들, 자기에게 왕처럼 대해주기를 바라시는 분들이 어떤 분들인지 알아요?

쉬앤쉬앤 : 돈이 있는 분들이요?

친펀 : 가난한 분들이에요. 가난했던 것을 유감스러워하시는 분들이죠. 역전되고 나서는 가장 하고 싶은 것이 더욱 심하게 사람을 부려먹는 거예요. 우리 중국이 30년 전으로 돌아간다면 모두가 가난한 사람들이었죠. 그래서 이 발마사지 업종은 중국에서 시장성이 매우 좋은 거예요. 아마 멀지 않은 미래에, 차스닥시장에 상장될 수도 있고, 세계 500대 기업에 들어갈 지도 모릅니다.

쌍산 : 대표적인 거 몇 가지 고르고, 더럽고 혼란스럽고 저질스러운 건 좀 피하고, 다음 번엔 저 걸 찍읍시다. 8, 9회요.

쉬앤쉬앤 : 여기 찍을 수 있어요? 지금 모두들 가짜 전위, 가짜 예술을 하고 있는데.

친펀 : 찍을 수 있어. 다음 번은 바로 가짜 연병장이라고 하지 뭐.

쌍산 : 형, 너무 진지하지는 맙시다. 우리 그냥 일률적으로 처리해버리면 안 될까?

친펀 : 들었지? 당신 얘기 하는 거야!

쌍산 : 허위 예술도 예술이고, 허위 전위도 전위적인 거야. 그 게 제 아무리 형편없는 것이라 할지라도, 그래도 예술가들이 만들어낸 거야. 많은 사람들이 거기를 쳐다보고 있고, 헐어낼 준비를 하면서, 전자상가로 바꿔버리려고 하는데, 우리가 좋은 쪽으로 말해주지 않으면, 허위 예술

이 다 없어져버릴 거야.

쉬앤쉬앤 : 허위 예술도 예술이에요?

썅산 : 그만 해. 쉬앤쉬앤, 당신 저 사람한테 배우면 안 돼, 허위 현실주의 비판자야. 저쪽 사람들이 나한테 화가 났어, 밥 사주고 술 사주고 놀아주고 했는데, 결국은 우리를 욕한다고 하더군. 오, 맞아, 당신들 저쪽 회사 손님들까지 욕했다면서, 내가 물어볼거야, 가난한 사람이란 게 뭐야? 역전되고 나서 가장 하고 싶은 것이 사람을 더욱 심하게 부려먹는다는 말. 이 건 또 어떻게 된 거야?

쉬앤쉬앤 : 저는 말을 끌어오려고 최선을 다 했어요, 저는 계속 칭찬을 했다구요.

썅산 : 좋은 말 나쁜 말, 못 알아듣는 척 하지 마!

친펀 : 내가 한 말이 다 나쁜 말은 아니잖아, 단지 부드럽게 농담을 했을 뿐이라구.

썅산 : 나도 사치가 고급이라고 생각하지는 않아, 나도 지존, 제왕, 황제 같은 걸 가장 증오해. 내 할아버지가 신해혁명에서 두 번째로 총을 쏜 사람이었거든, 그런데 사업하는 사람은 사업 규정대로 해야 하는 거야. 그렇지 않다면 남의 돈을 받으면 안 돼, 남의 돈을 받고서도 욕을 하면 그 건 의롭지 않아. 내 관점에 동의해, 형?

친펀 : 두 번째로 총을 쏜 사람이 누구라고?

썅산 : 됐어, 됐어, 됐어, 우리 더 이상 토론은 하지 맙시다, 논쟁은 일단 보류합시다. 쉬앤쉬앤, 퇴근해. 너 조심해야 돼, 거짓 분청(깨어있는 청년)노릇은 하지 말고, 자기만 모르면 안 되지.

쉬앤쉬앤 : 네.

썅산 : 형 오늘 저녁 어디에 가?

친펀 : 갈 데 없어.

썅산 : 그럼 나랑 같이 가자.

23

종업원 : 안녕하세요, 아가씨! 두 분이시군요.

종업원 : 이 쪽으로 오세요.

샤오샤오 : 고마워요! 고마워요.

망궈 : 무설탕, 무소금, 무칼로리. 이 거 사람 먹으라는 거야?

종업원 : 모든 메뉴가 다 개안한 겁니다, 저희 식당은 법사님이 직접 만드셔서 술은 아무리 마셔도 안 취해요.

샤오샤오 : 그럼 우리 몇 잔 더 마시지 뭐.

24

술 판매자 : 펭귄은 우리의 친구예요, 정말 귀엽죠. 그러나 이상기온으로 인해 북극의 빙하가 녹아내리고 있어요, 펭귄들이 곧 집을 잃을 거란 생각을 하면, 제 마음이 찢어지는 것 같아요. 지금 경매장에 계신 여러분들이 선심을 기부하셔서 불쌍한 펭귄들을 좀 구제해 주시기를 바랍니다.

사회자 : 씬위에 대한 관심과 사랑에 감사드립니다. 네, 사랑하는 여러분, 펭귄의 운명은 바로 여러분들의 손 안에 들어있습니다. 지금부터 경매를 시작하겠습니다.
모 남자1 : 5만 위안.
사회자 : 네, 이 분이 5만 위안을 내놓으셨습니다.
모 남자2 : 10만 위안.
사회자 : 자, 이 쪽은 10만 위안.
모 남자3 : 15만 위안.
사회자 : 뒤에 계신 이 분은, 지금 15만 위안을 내놓으셨습니다.
모 남자4 : 20만 위안.
사회자 : 20만 위안입니다, 현재.
모 남자5 : 21만 위안.
사회자 : 이 분은 21만 위안이십니다.
사회자 : 이선생님, 당신의 뜻은 5만 위안을 더 추가하신다는 건가요? 그럼 50만 위안이란 뜻인가요? 네, 좋습니다. 이선생님이 50만 위안을 부르셨습니다. 값을 계속해서 더 올리실 분이 계신가요?
친펀 : 너 괜찮아? 미쳤어?
썅산 : 일이 있어, 술 마시고 싶어.
사회자 : 50만 한 번, 50만 두 번, 50만 세 번, 매매가 성립되었습니다. 자, 씬위가 경매품을 이선생님에게 전달해드리겠습니다.
술 판매자 : 펭귄이 드디어 구제받을 수 있겠네요, 감사합니다.
썅산 : 걱정 마세요, 북극은 단시간 내에 융해되지는 않을 거예요. 녹아내리더라도 펭귄은 역시 아무 일도 없을 겁니다.
술 판매자 : 어떻게 아무 일도 없을 수가 있죠?
썅산 : 내가 뭐 하나 물어봐도 돼요?
술 판매자 : 네.
썅산 : 북극곰은 왜 펭귄을 안 먹을까요?
술 판매자 : 먹었다는 이야기를 들어본 적이 없네요. 왜 그럴까요?
썅산 : 그러게요, 왜 그럴까요?
술 판매자 : 그럼 당신은 아세요? 북극곰은 왜 펭귄을 안 먹을까요?
친펀 : 왜냐하면 펭귄들은 남극에서 살기 때문에, 북극곰과 만날 수가 없는 거죠.
술 판매자 : 당신들 정말 미워요.

25

샤오샤오 : 나 대신 그 사람에게 돌려줘.
망궈 : 난 이 일에 끼어들 수가 없어, 네가 돌려주는 게 낫겠어. 그 사람이 달라고 하지도 않았는데, 그냥 가지고 있어.
샤오샤오 : 온당하지 않아. 그 사람 마음을 속상하게 했으면 됐지, 재물까지 피해보게 하고 싶지는

않아.

망귀 : 나는 왜 너희 둘은 헤어질 수 없다는 생각이 들지? 상대방 얘기를 꺼내기만 하면, 하는 말이 다 아주 의로운 말들 뿐이야. 네가 그 사람 생명보험의 수혜자인 거 알아? 유일한 수혜자. 몇 일 전에 그 사람을 우연히 만났는데, 수혜자를 바꿀 생각 없냐고 내가 물어봤었어. 그가 뭐라 했는지 알아? 왜 바꿔야 하냐고 하던데?

샤오샤오 : 남한테 미안해 하는 기분 정말 괴로워, 차라리 나한테 잘 못해 주는 게 훨씬 더 나아. 사랑은, 억지로는 안 되는 거야.

종업원 : 이 쪽으로 오세요! 여기 앉으세요.

종업원 : 선생님, 안녕하세요, 메뉴판입니다. 죄송합니다만, 선생님, 여기는 술 가져오시면 안 되는데요.

썅산 : 술 따는 비용 줄게요. 메뉴판은 됐고, 회향 사과 샐러드 하나 하고, 살라미 하나 줘요. 빨리요!

종업원 : 네.

썅산 : 좋은 술이네!

친펀 : 그래도 50만 위안 가치는 없지, 오늘까지만 살 거야?

썅산 : 오늘까지만 살거야. 이 거 흑색종이라고 하는데, 들어봤어? 불치병이야. 전세계에서 모두 이 병을 치료할 수 있는 방법이 없어, 단지 걸렸다 하면, 죽음을 기다릴 수밖에, 치료할 수 있는 약이 없어. 친구인 내가 딱 걸렸네.

친펀 : 알게 된 지는 얼마나 됐어?

썅산 : 점은 어렸을 때부터 있었던 거고, 나중에 암으로 변했지, 불편한 느낌이 들어서, 병원에 갔었어, 병원에서 확진 내린 지 지금까지 거의 이 주 정도 됐어. 편한 대로 마셔.

친펀 : 그럼 다른 병원에 가서 진찰받아 봐야지?

썅산 : 치료 안 할거야. 난 존엄하게 죽고 싶어. 펀, 이 건 병이 아니야, 이 건 운명이야. 내 운명이 나를 찾아온 거야, 단지 따를 수밖에. 우리가 서로 마음을 잘 알지만 생명을 대신할 수는 없는, 자식을 맡길 수는 있지만 아내를 맡길 정도는 아닌 그런 친구 사이라고 하면 헛소린가?

친펀 : 처는 맡길 필요가 없지, 처는 다 잘 지내고 있어. 우리가 없으면 오히려 몇 년 더 살 걸. 이 술 정말 세다. 말해 봐, 이 세상에서 놔버릴 수 없는 게 또 뭐야?

썅산 : 몇 가지가 있어. 첫째는, 바로 내 회사야, 전부 다 형한테 맡겨야겠어. 형은 일단 아무 말도 하지 마, 말하지 마, 우선 내 말을 들어봐. 나는, 이 세상에서 믿을 만한 친구가 단지 형밖에 없어. 형 말고는 부탁할 수 있는 사람이 없단 말이야. 그래도 형이어야만 내 직원들을 손해 안 보게 할 수 있을 거야. 이 직원들은 나 따라서 여러 해 동안 함께 해왔거든, 내가 손을 떼버릴 수가 없어요.

친펀 : 나는 돈 벌 줄 몰라, 나는 이미 퇴직했단 말이야.

썅산 : 그럼 손해 보면 되지 뭐, 손해 보는 건 할 줄 알지?

친펀 : 나는 우선 한 동안 유지만 해줄게. 너는 딸이 하나 있잖아? 추안추안, 그 아이에게 넘겨주면 되지, 내가 딸에게 고문노릇을 해주고.

썅산 : 난 말이야, 한 평생 동안 돈 때문에 몸이 달았었어. 추안추안, 이 아이는 단 일분일초라도 돈 벌기 위해 일하게 하지는 않을 거야, 그냥 허송세월만 보내게 하는 거지. 하기 싫은 건 아무것도 하지 않게 할 거야. 나는 이 아이를 위해 신탁펀드를 하나 들어놓았어, 평생 동안 샌드위치

는 사 먹을 수 있게 해놨지. 추안추안, 이 아이는 아주 착실해요, 요즘 <자본론>을 읽고 있거든. 몇 일 전에 나한테 전화해가지고는 '아빠, 마르크스가 하는 말이 이치에 꼭 맞아요, <공산당선언>은 참 훌륭하게 잘 썼어요.'라고 하더군. 난 그 아이가 나중에 공산주의자가 될 수도 있다고 생각해, 그래서 아주 기쁘고 안심하고 있어, 적어도 돈 버는 기계가 되는 것보다는 낫지.

친펀 : 그럼 재산이 필요없겠군, 오히려 마음이 놓이네.
썅산 : 맞아, 근데 걱정되는 게 하나 더 있어, 형한테 말해야 할 것 같아.
망궈 : 종업원, 계산서요.
샤오샤오 : 좀 기다려 줘. 여기요, 화장실이 어디에 있어요?
종업원 : 이쪽으로 오세요. 왼쪽이요.
샤오샤오 : 앞쪽이요?

샤오샤오 : 당신이 왜 여기에 있어요? 뭐라구요?
친펀 : 인생은 짧아.
샤오샤오 : 응.
친펀 : 죽으면 모든 일이 끝이야, 빨리 죽으면 빨리 다시 태어날 수 있어.
샤오샤오 : 에이, 에이, 에이, 목 끊어지겠어요.
친펀 : 썅산은 곧 죽을 거야.
샤오샤오 : 썅산에게 무슨 일이 있어요?
친펀 : 썅산, 곧 죽을 거야.
샤오샤오 : 자, 우선 일어나요.
친펀 : 없어진다 하면 금방 없어지고, 흩어진다 하면 금방 흩어지네.
종업원 : 아버지께서 취하셨죠?
샤오샤오 : 일어설 수 있게 좀 부축해 주세요.

망궈 : 고마워요.
썅산 : 이봐요!
종업원 : 네.
썅산 : 화장실이 어디에 있어요?
종업원 : 왼쪽으로 가세요.
망궈 : 썅산, 당신이 왜 여기에 있어요?
썅산 : 당신은 또 왜 여기에 있는 건데?
망궈 : 난 샤오샤오하고 같이 왔어요.
썅산 : 난 친펀하고 같이 왔지.
망궈 : 왜 바보처럼 웃어요? 왜 또 이 지경까지 술을 마셨어? 무슨 일이 있어요, 당신?
썅산 : 내 가족이야.

26

샤오샤오 : 깼어요?

친펀 : 어떻게 여기서 잤지? 썅산은?

샤오샤오 : 망궈가 데려다 줬어요. 당신이 부축하지도 못하게 하는데, 차마 여기에 혼자 내버려 둘 수도 없고, 어쩔 수 없이 같이 남아 있었어요.

친펀 : 어떻게 망궈도 같이 있었어? 우리가 서로 머리로 들이받은 것만 기억나. 썅산이 당신들 오라고 한 거야?

샤오샤오 : 운명의 장난인 것 같아요, 귀신에 홀린 것처럼.

친펀 : 사람 생겼구나, 그렇지?

샤오샤오 : 당신을 만나다니 정말 기뻐요, 당신 슬픈 모습은 참 마음 아파요. 당신은 성공했고, 난 양심의 가책을 느꼈어요. "사는 것은 일종의 수행이다", 이 말은 누가 나한테 해 준 건데, 지금 당신에게 이 말을 해줄게요. 이 세상에서 내가 제일 당신한테 신경쓰고, 당신이 잘 되기를 가장 바래요. 나중에 내 문자에 답장 안하면 안 돼요, 알았죠?

27

샤오샤오는 그 후로 다시는 친펀에게 전화한 적이 없고, 그들은 서로에게 문자도 보내지 않았다. 망궈가 자주 썅산을 보러 왔고, 가끔 샤오샤오의 소식을 전해왔다. 어떤 때는 샤오샤오가 아직 혼자인데, 가족과 동료들이 몇 명을 소개해줬지만, 모두 잘 되지 않았다고 하고, 어떤 때는 또 샤오샤오에게 사람이 생겼다고, 비행기에서 만난 거라고, 이미 청혼했다고도 했다. 썅산은 날이 갈수록 안 좋아졌는데, 흑색종의 악성 정도가 매우 높아서, 금새 장기와 골격으로까지 전이되어버렸다. 그는 아주 쇠약해져서 걸어 다닐 때는 마치 노인과 같았다.

28

썅산 : 그만 볼래, 집단 침상 같아. 살아 있을 때는 사람 속에 비집고 들어가 살았는데, 죽어서도 사람들로 북적거리네. 내가 만약 여기서 영원히 잠든다면, 형은 좋겠어?

친펀 : 안 좋지, 죽어서도 조용하지 못 하면 안 되지, 울어서 이웃이 잠에서 깨면 어떻게 해?

썅산 : 그럼 뿌려버려, 이 더러운 한 몸, 뿌려버리면 깨끗하지. 원래 장기 두 개를 좀 기증하려고 했는데, 결국은 다 석류가 돼버렸네, 내놓을 수 없게 됐어. 에이, 형이 꺼리지만 않는다면, 아예 화분을 하나 사서 나를 안에 담고, 녹라를 하나 심어서, 회사 벽 모퉁이에 놔두면, 틀림없이 왕성하게 자랄 거고, 매일 당신들을 보고 웃게 될 거야.

친펀 : 난 죽은 사람은 꺼리지 않아, 제기랄, 살아있는 사람을 꺼리지.

썅산 : 나 좀 앉을게.

친펀 : 젖었어, 여기는.

썅산 : 펀!

친펀 : 응!

썅산 : 사실 난 죽음은 두려워하지 않아, 정말, 그런데 나는 사는 게 죽는 것보다 못할까봐 두려워.
친펀 : 바닷가로 가자, 아직 움직일 수 있을 때, 내가 너의 존엄을 지켜줄게.
썅산 : 내가 당신을 믿어도 될까, 친구?
친펀 : 너에게 선택의 여지가 있어? 나 말고?

29

샤오샤오 : 우쌍!
우쌍 : 어, 제수씨!
샤오샤오 : 싼야에 어떻게 왔어요?
우쌍 : 난 특별히 썅산의 추도회에 참석하려고 달려온 거에요. 그는 내 오랜 친구거든요.
샤오샤오 : 썅산이 돌아가셨어요?
우쌍 : 친펀이 알려 준 건데, 당신은 왜 모르시죠?

30

《추도회 - 리썅산, 인생고별회》

친펀 : 오늘 우리는 한 자리에 모여, 우리 모두의 친구인 리썅산 선생을 위한 기념식을 성대하게 진행합니다. 리선생의 일생은 평범해서 지명도가 높지 않은 인생입니다. 선생은 평범하게 태어났고, 생김새도 평범하며, 어렸을 때부터 열심히 공부하지 않고, 노는 데만 집중했었습니다. 리선생은 두 번 이혼을 했고, 세 개의 회사를 파산시켰으며, 무직자로부터 식당 요리사, 분청(사회에 대한 불평을 가지고 있는 청년), 사이비 예술가, 사장, 전세계적 기업 총수, 권력과 재물을 결탁시키는 중개인, 약칭 매니저 등등을 다 해 보셨습니다. 선생님은 온몸에 사악한 기운을 품고 있고, 평생 가족들에게 걱정을 많이 끼쳤고, 친구들까지도 많이 연루시켰습니다, 누구던 리선생과 가까이 있으면 재수가 없었지요. 그러나 우리는 그를 사랑하고, 단점 투성이인 썅산이라는 나쁜 사람을 사랑한답니다. 리선생은 우리 삶의 국물과도 같습니다, 선생이 없으면 재미가 없지요. 선생은 새로운 것을 좋아하지만 오래된 것을 버리지도 않아요, 재물을 탐하지만 재물을 사랑하지는 않아요, 일을 망치게 되면 인정도 하지요.
쉬앤쉬앤 : 아부하면 안 돼요, 이미 공개적으로 금지시켰거든요.
친펀 : 난 여기서 반드시 아부를 해야만 합니다, 아부 속에 진정한 정이 있거든요, 지금 아부하지 않으면 나중에 기회가 없을 거예요. 썅산의 죽음은 그의 온 가정, 우리 회사 전체, 이 사회의 모든 남녀 친구들의, 중대하고도, 메울 수 없는... 썅산, 당신의 죽음이 중대한 일이라고 생각해요? 아니면 보충할 수 없는 거라고 생각해요? 당신 말을 들어봅시다.
썅산 : 정상적으로 손해 보는 거고, 충분히 메울 수 있어요.
망귀 : 이 사람은 지엔창이에요.
친펀 : 안녕하세요!
지엔창 : 안녕하세요!

친펀 : 우선 안쪽으로 들어가 앉으세요.

모 여자 : 제 기억에 썅산오빠하고 만난 것은, 봄이 오는 따뜻한 날이었어요. 그 날 썅산오빠는 바바리 코트를 입고 올백 머리를 하고 있었어요.

썅산 : 올백 머리를 하고 있었으면, 내가 네 손자다.

모 여자 : 그럴 리가 없어요. 우리 처음 만난 날이었는데, 내가 어떻게 잘못 기억할 수 있겠어요?

썅산 : 내가 살아서 이 추도회를 여는 건데, 만일 내가 죽고나면, 나에 대해 어떻게 말할지 모르겠네.

우쌍 : 펀, 우린 썅산을 더 볼 수 없는 거지?

친펀 : 썅산 아직 있어, 오늘은 인생 고별회야, 마지막으로 여러 친구들하고 한 번 더 보고 싶어서 그래.

우쌍 : 그가 아직 살아 있다고? 왜 나한테 죽었다고 그랬어?

친펀 : 당신들 둘 어떻게 같이 있는 거야? 너는 우선 안쪽으로 들어가라.

우쌍 : 공항에서 만났어.

친펀 : 넌 우선 안쪽으로 들어가.

샤오샤오 : 당신들 눈에는 나는 친구조차도 아니야?

친펀 : 당신은 결혼하려던 것 아니었어?

샤오샤오 : 내가 결혼하려 한다고 누가 그래? 당신은 내가 결혼하기를 너무나 바라고 있죠?

친펀 : 우선 안쪽으로 들어가, 이따가 사과할게.

썅산 : 어렸을 때의 일이 마치 어제 같은데, 오늘 바로 죽음에 직면했네요.

모 남자 : 모든 사람이 다 똑같아요, 죽음 앞에서는 사람마다 다 평등해요.

썅산 : 어쨌든 나는 삶을 원망할 수는 없어요, 얻어야 할 것은 내가 다 얻었고, 얻지 말아야 할 것도 얻었어요. 오늘 여기에 자리하신 여러분들은 좀 상세히 얘기하자면, 다 재수 옴 붙은 사람들은 아닌데, 아무리 미덥지 않다 해도 그렇게 미덥잖치는 않아요.

모 남자 : 제일 미덥지 않은 사람은 바로 당신이에요.

썅산 : 여러 번 다른 사람에게 사랑을 받았고, 또한 여러 번 사랑을 했었어요. 결국은 내가 스스로를 아낄 줄 몰랐다고 말할 수 있겠죠. 수많은 두터운 정과 호의를 저버리기도 했었죠. 미움을 산 사람도 있을 거고, 나와 몰래 원한을 맺은 사람도 있을 텐데, 이 자리에서 죽음으로써 비긴 걸로 합시다. 산다는 것은 일종의 수행이라고 내 친구 친펀이 말하더군요.

친펀 : 나도 다른 사람한테 들은 거요. 저작권은 내 게 아니에요.

썅산 : 누구 것인지는 상관하지 맙시다. 리썅산의 이번 생 수행은 여기까지로 마침표를 그어야겠어요. 너무나도 아쉽게 여러분에게 말하는데, 리썅산 이번 수행의 좋고 나쁨은 알아내지 못했어요. 그 사람은 너무도 바빴어요, 돈 버느라 바빴고, 술 마시느라 바빴고, 감정의 위기를 만드느라 바빴고, 좋은 시절을 온통 바쁜 와중에 보내버렸어요.

우쌍 : 죽음을 두려워하나, 썅산? 북해도 농민들이 당신에게 안부를 묻더군.

썅산 : 두려워요, 밤길을 걷는 것처럼, 어두운 문을 두드리는 것 같아요. 뒤가 오색 세계인지, 깊고 깊은 물인지 알 수 없어요. 한 발을 헛디디면 끝이 아니라 시작일까봐 두려워요. 우쌍, 죽음에 대해서 뭐 좀 아는 게 있나?

우쌍 : 빛이 있다고 들었어. 빛을 따라 간대, 노인들이 다 이렇게 말하더군.

썅산 : 고마워, 우쌍, 고마워. 죽음은 또 하나의 존재예요, 산다는 것과 다르게. 이 건 오늘 아침 내 딸

추안추안이 알려준 거예요, 단지 살 줄만 안다는 건 일종의 불완전한 것이에요, 말을 너무 잘 했군요. 추안추안! 추안추안!

우쌍 : 추안추안, 아빠가 부르신다.

썅산 : 고마워, 추안추안. 너를 이 세상에 데리고 왔는데, 잘 돌봐주지 못 해서 미안하구나, 엄마한테 이번 생에서 엄마가 즐겁고 통쾌하게 살지 못 하게 하고, 걱정만 시켜서 미안하다고 전해 줘. 응? 여러분들이 내 인생을 장식해주고 부각시켜줘서 고맙고, 또 오늘 나를 전송해줘서 고마워요. 여러분들의 선함과 좋은 점들은 내가 다 기억해 놓았어요, 다 내 머리 속에 저장했습니다. 이 기억들을 가지고 화장터로 갈 거예요. 내가 죽어도, 이 정보들은 여전히 남아 있을 거고, 연기에 따라 흩어지고, 빛과 먼지처럼 섞일 거예요, 다음 생에 다시 서로 감사할(만나는) 근거가 될 겁니다, 만일 내세가 있다면 말이에요. 마지막으로 여러분에게 일깨워줄 게 있는데, 검은 점이 생기면 바로 없애버리세요, 절대로 그것이 행운이나 섹시함을 상징한다고 생각하면 안 됩니다.

모 남자 : 군말이 너무 많다, 너.

31

모 남자 : 모든 사람이 다 추안추안을 돌봐줄 거야.

썅산 : 금세에 당신을 알게 돼서 영광이에요.

모 남자 : 걱정 마세요.

모 여자 : 썅산 오빠.

썅산 : 응!

모 여자 : 당신 보내기 싫어요.

썅산 : 또 돌아올게, 또 돌아온다고. 나처럼 이렇게 인류를 사랑하는 사람은 꼭 돌아올 거야.

썅산 : 쉬앤쉬앤, 내세에 만일 어떤 사람이 당신을 향해 이유 없이 웃고, 다가와서 당신을 좋아한다고 말하면, 기억해요, 그 건 바로 나야.

쉬앤쉬앤 : 암호는, 어쨌든 암호가 있어야 하잖아요? 내세에 나를 좋아하는 사람이 너무 많으면 어떻게 해요?

썅산 : 암호는 "누가 전생에 당신과 약속했을까?"로 하지.

쉬앤쉬앤 : 이렇게 결정하는 거예요.

썅산 : 온 방 안에 있는 사람들 중에 네 손만 차가워, 말단 혈액순환이 안 좋아, (내가 덮어줘도) 영원히 따뜻해질 수가 없겠어.

망궈 : 썅산, 이 사람은 리지엔창이예요.

썅산 : 그래, 그래, 그래.

지엔창 : 안녕하십니까?

썅산 : 안녕해요. 소말리아 지역은 아직 태평한가요?

지엔창 : 걱정 마세요! 우리 부대가 도착하기만 하면, 해적들이 바로 도망가버리지요.

썅산 : 너무 잘 됐군요. 당신들 둘이서 잘 지내요. 누구하고 같이 있든지 간에, 태평하고 무사히 지내는 게 제일 중요해요.

지엔창 : 모시고 이야기 좀 같이 나눠요.
쌍산 : 궈궈, 내가 한 번 회상해봤어. 우리 같이 지냈던 그 몇 년은, 행복이라고 말할 수 있어.
망궈 : 다음 생에서 나는? 만나게 되면 아는 척할 거야?
쌍산 : 그럼, 당연하지, 다 가족인데. 내세에서는 내가 너희들을 위해 말이 되고 소가 될 거야.
친펀 : 썅산, 누가 왔는지 좀 봐봐?
썅산 : 아이고! 당신이 올 수 있다니 난 너무 기뻐요. 이 사람은 더 기쁘고, 이 사람하고는 그렇게 따지지 말아요. 나는 경험자니까, 한 마디 해줄 게요, 결혼은 어떻게 선택하든 다 잘못하는 거고, 오래된 결혼은 잘못인 줄 알면서도 잘못된 길로 계속 나가는 거예요. 우리 이 친구들의 결혼은 끝까지 간 사람이 한 명도 없어요, 친펀은 노총각이지요. 당신들 둘은 오래되었는데, 비록 결혼하지는 않았지만, 그러나 항상 내 마음 속에서는 당신들 둘이 결혼했다고 생각돼요, 더구나 대단히 잘 어울리는 한 쌍이에요. 마음속으로 계속 바랬는데, 당신 둘은 우리 친구들 가운데서 예외를 하나 만들고, 오래도록 같이 살고, 단지 둘이서, 한 평생, 싸워도 이별하지 말고, 욕을 하더라도 헤어지지 말기를 바래요. 샤오샤오, 샤오샤오, 한 평생은 매우 짧아요.
썅산 : 추안추안, 너는 아빠에게 뭘 말하고 싶니?
추안추안 : 아빠, 피곤하겠어요. 특별한 말은 안 하겠어요, 시 한 수 낭독해드릴게요.

당신이 보든, 안 보든
난 바로 거기에 있어요
슬프지도 않고 기쁘지도 않아요
당신이 나를 그리워하든, 안 그리워하든
정은 바로 거기에 있어요
오지도 않고 가지도 않아요
당신이 나를 사랑하든, 사랑하지 않든
사랑은 바로 거기에 있어요
늘지도 않고 줄지도 않아요
당신이 나를 따라오든 따라오지 않든
저의 손은 바로 당신의 손 안에 있어요
버리지도 않고 놓지도 않아요
제 품으로 오세요
아니면
제가 당신의 마음속에 있을게요
묵묵히 서로 사랑하고
조용히 기뻐해요

32

썅산 : 그저 이렇구나, 고마워.

33

샤오샤오 : 아빠에게 몇 마디 해!
추안추안 : 마음속으로 이미 이야기 했어요, 큰아빠, 이모도 몇 마디 하세요.
샤오샤오 : 우리도 마음속으로 할게.
친펀 : 추안추안, 오늘 큰아빠한테 증인이 돼줘. 한 평생은 너무 짧아, 난 당신하고 잘못된 길이라도 계속 나아가기를 원해요.
샤오샤오 : 계속 진지하지 않게 하지?
친펀 : 추안추안, 큰아빠를 위해 좋은 말을 좀 해줘. 큰아빠는 이 한 평생 남한테 부탁해본 적이 없어, 근데 이 사람만 보면 계속 부탁하게 돼, 이 사람은 큰아빠의 천적이야.
추안추안 : 큰아빠, 이모 왜 이렇게 웃겨요?
샤오샤오 : 추안추안, 네 말을 들을게. 네가 보기에 이 사람 믿을 만하니? 네가 괜찮다고 하면 내가 승낙하지.
추안추안 : 저는 괜찮다고 생각해요, 큰아빠는 다른 사람들보다 더 나쁘지는 않잖아요?
친펀 : 고마워. 추안추안, 평가가 너무 높은데, 이번에는 당신이 또 어떻게 빼내는지 봐야겠어.
샤오샤오 : 미리 말해놓아야겠어요. 결혼하고 나면, 당신 것은 내 거고, 내 것은 그냥 내 거고, 이제부터 당신의 자유를 빼앗을 거예요, 이치는 따지지 말 것.
친펀 : 기본적인 시민의 권리는 남겨줘야지, 마작하는 자유, TV 보는 자유, 남들 앞에서 안 맞고 욕 안 먹는 자유.
샤오샤오 : 마작 해도 상관없지만, 같이 하는 사람은 내가 골라야 해요; TV를 봐도 괜찮지만, ≪진정 그대라면≫을 보면 안 돼요. 남들 앞에서는 일 년에 한 번만 체면을 세워 줄게요.
추안추안 : 에이, 큰아빠하고 이모하고 진짜 한 집안 식구가 됐어요? 사람이 필요할 때는 상대해 주고, 필요 없을 때는 신경도 안 쓰네요.
친펀 : 여자들은 다 똑같아, 걱정을 시키지.

《내레이션》

내막을 잘 아는 이에 의하면, 친펀과 샤오샤오가 정식으로 결혼한 것은 2030년이었다고 한다, 그 해는 친선생이 이미 70세가 된 해였다. 그 동안 이런 저런 많은 일들이 있었지만, 나중에 다시 이야기 하겠다.

단어 색인

(ㄴ)

(ㅂ)

(ㅇ)

(ㅈ)

(ㅊ)

(ㅋ)

(ㅌ)

(ㅍ)

(ㅎ)

(K)

문법 설명 색인

(ㅇ)

（ㄗ）

（ㄘ）

[참고문헌]

[中韓辭典], 고려대학교 민족문화연구원(엮은이), 고려대학교 민족문화연구원, 2007년 9월
[現代中韓辭典], 박영종(지은이), 教學社, 2008년 1월
[엣센스中韓辭典], 이용묵(엮은이), 민중서림 편집부, 2014년 1월
[進明中韓辭典], 강식진(엮은이), 進明出版社, 1998년 12월
[中韓辭典], 全明吉, 金聲宇, 崔京南, 南光哲, 金千根(지은이), 黑龍江朝鮮民族出版社, 2012년 8월
[中韓格言諺語辭典], 林承文, 林東桑(지은이), 가산출판사, 2014년 10월
[中韓新造語辭典], 강춘화(엮은이), 가산출판사, 2002년 4월
[엣센스韓中辭典], 이익희, 김순진, 임원빈, 정병윤, 박정원(지은이), 허세욱(감수), 민중서림, 2014년 1월
[중국어 시사용어사전], 장석민, 박귀진, 최선미(지은이), 넥서스, 2002년 11월
[現代漢語詞典], 吕叔湘、丁声树, 商務印書館, 2012年
[汉语大词典], 罗竹风, 汉语大词典出版社, 1993年
[新华汉语词典], 新华汉语词典编纂委员会, 2007年
百度百科: http://baike.baidu.com
百科辞典: http://www.sina.com.cn/

역주자 약력

林 永 澤

단국대학교 중어중문학과 학사
베이징대학 중국언어문학과 석사
베이징대학 중국언어문학과 박사 (근대중국어 문법 전공)
서울디지털대학교 중국학부 교수 역임
現 서울신학대학교 중국어과 교수

영화로 배우는 중국어

진정 그대라면 Ⅱ

초판인쇄 2018년 04월 16일
초판발행 2018년 04월 20일

역 주 자 임 영 택
발 행 인 윤 석 현
발 행 처 제이앤씨
책임편집 최 인 노
등록번호 제7-220호

우편주소 서울시 도봉구 우이천로 353 성주빌딩 3층
대표전화 02) 992 / 3253
전 송 02) 991 / 1285
홈페이지 http://jncbms.co.kr
전자우편 jncbook@hanmail.net

ISBN 979-11-5917-106-2 13720 정가 17,000원